Im Anflug auf Planquadrat Julius-Caesar

Flugzeugabstürze des 2. Weltkrieges im nördlichen Harzvorland

Bernd Sternal // Werner Hartmann

Bibliografische Information der Deutschen Nationalbibliothek
Die Deutsche Nationalbibliothek verzeichnet diese Publikation in der Deutschen Nationalbibliografie; detaillierte bibliografische Daten sind im Internet über dnb.d-nb.de abrufbar.

Impressum:
© 2015 Bernd Sternal, Werner Hartmann
Herausgeber: Verlag Sternal Media, Gernrode
Gestaltung und Satz: Sternal Media, Gernrode
www.sternal-media.de
www.harz-urlaub.de

Umschlagsgestaltung: Sternal Media, Fotomontagen aus Fotos: Archiv Werner Hartmann, Halberstadt

Abbildungen: Werner Hartmann, Stadtarchiv Halberstadt, Bernd Sternal, sowie siehe Bildlegende

2. Auflage Februar 2018
ISBN: 978-3-7392-1834-2
Herstellung und Verlag:
Books on Demand GmbH, Norderstedt

Die nördliche Harzregion ist, mit Ausnahme von Halberstadt, recht glimpflich durch den 2. Weltkrieg gekommen, was die eigentlichen Kriegshandlungen betrifft. Dieser grauenhafte Weltkrieg, der 60 bis 70 Millionen Tote gefordert hat – hinzu kamen unzählige Vermisste, Invaliden, Witwen und Waisen – hat unermessliches Leid über die Menschheit gebracht. Ich habe errechnet, dass dieser Krieg genau 2.194 Tage, 6 Jahre und einen Tag gedauert hat und dass in jeder Stunde dieses unseligen Krieges zwischen 1.139 und 1.329 Menschen ihr Leben verloren, das heißt in jeder Minute gab es 19 bis 22 Tote! Besonders verlustreich waren die Jahre 1943 bis zum Kriegsende 1945, als der Krieg unmittelbar nach Deutschland und Japan kam. Durch die furchtbaren Flächenbombardements der Alliierten auf viele große Städte in Deutschland und Japan wuchsen die Zahlen der Kriegsopfer rapide an. Die Kämpfe an der Ost- und der Westfront nahmen in dieser Zeit an Schärfe zu und trieben die Verlustzahlen auf Seiten aller Kriegsparteien nach oben.

Anliegen dieser Arbeit ist es jedoch ausschließlich, das Geschehen, in direktem Zusammenhang mit dem Luftkrieg, in einem kleinen und überschaubaren Gebiet zu behandeln, das in der deutschen Luftkarte 1939 - 1945 mit der Bezeichnung JC (Julius-Caesar) bezeichnet worden war. Diese Luftlagekarte war für die Luftbeobachtung angelegt worden. Flächendeckend waren dementsprechend Ortungsgeräte, wie die Würzburg-Geräte, installiert. Der Deckname „Würzburg" wurde für das von Telefunken entwickelte mobile Funkmessgerät (Radar) im Dezimeterwellen-Bereich verwendet, das die Luftwaffe der Wehrmacht im Zweiten Weltkrieg in großem Umfang zur Luftraumbeobachtung, aber auch zur Führung der Nachtjäger, einsetzte. Hinzu kamen Flugbeobachtungsposten, die ebenfalls flächendeckend und rund um die Uhr, im gesamten deutschen

Reichsgebiet ihren Dienst taten. Auf diese Weise war eine Luftraumüberwachung gegeben, die den sogenannten Luftschutz-Warnkommandos als Informationsgrundlage zur Auslösung von Luftalarmen diente. In Halberstadt, das Zentrum des Planquadrates JC war, befand sich diese Dienststelle im Keller der Hauptpost „Unter den Zwicken".

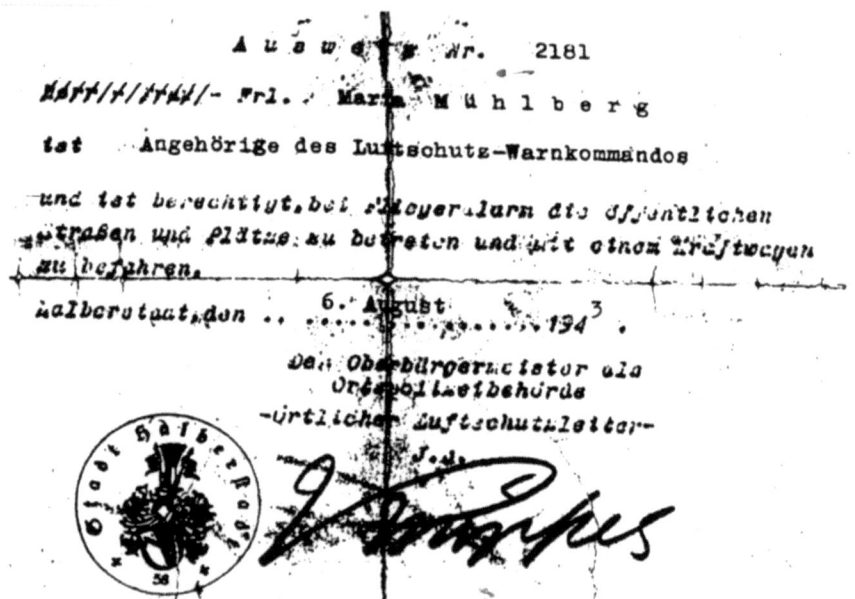

Ausweis der Martha Mühlberg als Angehörige des Luftschutz-Warnkommandos; sie war bei Fliegeralarm berechtigt die öffentlichen Straßen und Plätze zu betreten und mit einem Kraftfahrzeug zu befahren.
Abbildung: Archiv Werner Hartmann, Halberstadt

Das Personal dieser als LS-Wako bezeichneten zivilen Dienststelle bestand vorwiegend aus Frauen, nur die Kommandoführer waren Männer. LSW-Hauptführer (Luftschutz-Warnkommando-Hauptführer) in Halberstadt waren: Eugen Schlabitz, Günter Bätjer und Kurt Brasche. Alle drei Hauptführer waren Zivilisten, die für die Dauer des Krieges dienstverpflichtet waren. Der Dienst in diesen Wakos fand im rollenden Schichtbetrieb statt, wobei die Dienststelle immer ausreichend besetzt zu sein hatte. Alle Dienststellen-Mitarbeiter waren mit Spezialausweisen ausgestattet, die ihnen Sonderrechte einräumten.

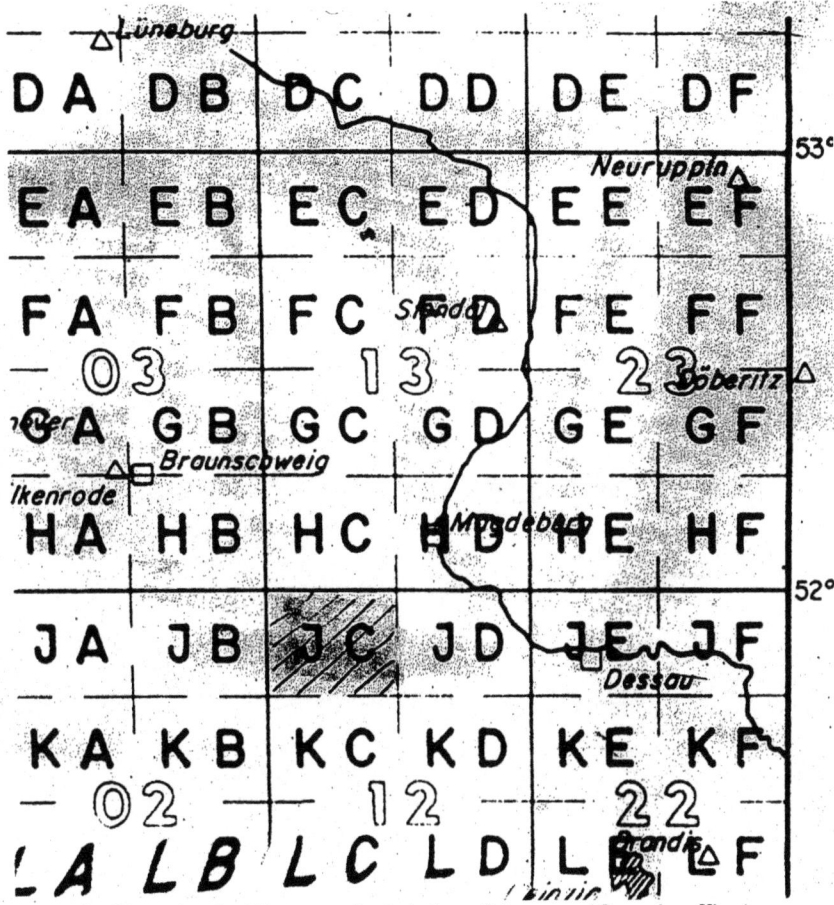

Luftlagekarte Planquadrat Julius-Cäsar = JC, schraffiert
Karte: Archiv Werner Hartmann, Halberstadt

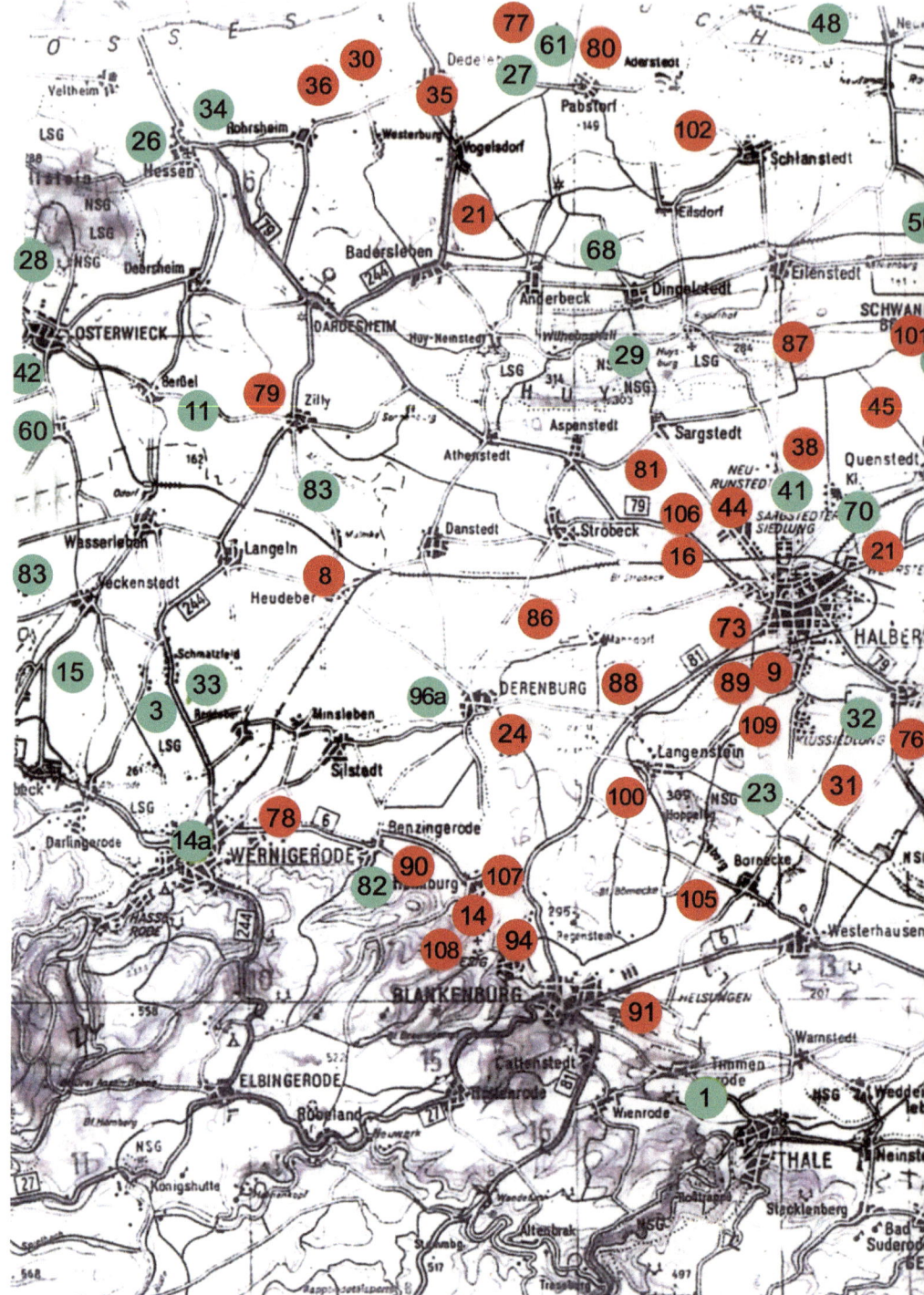

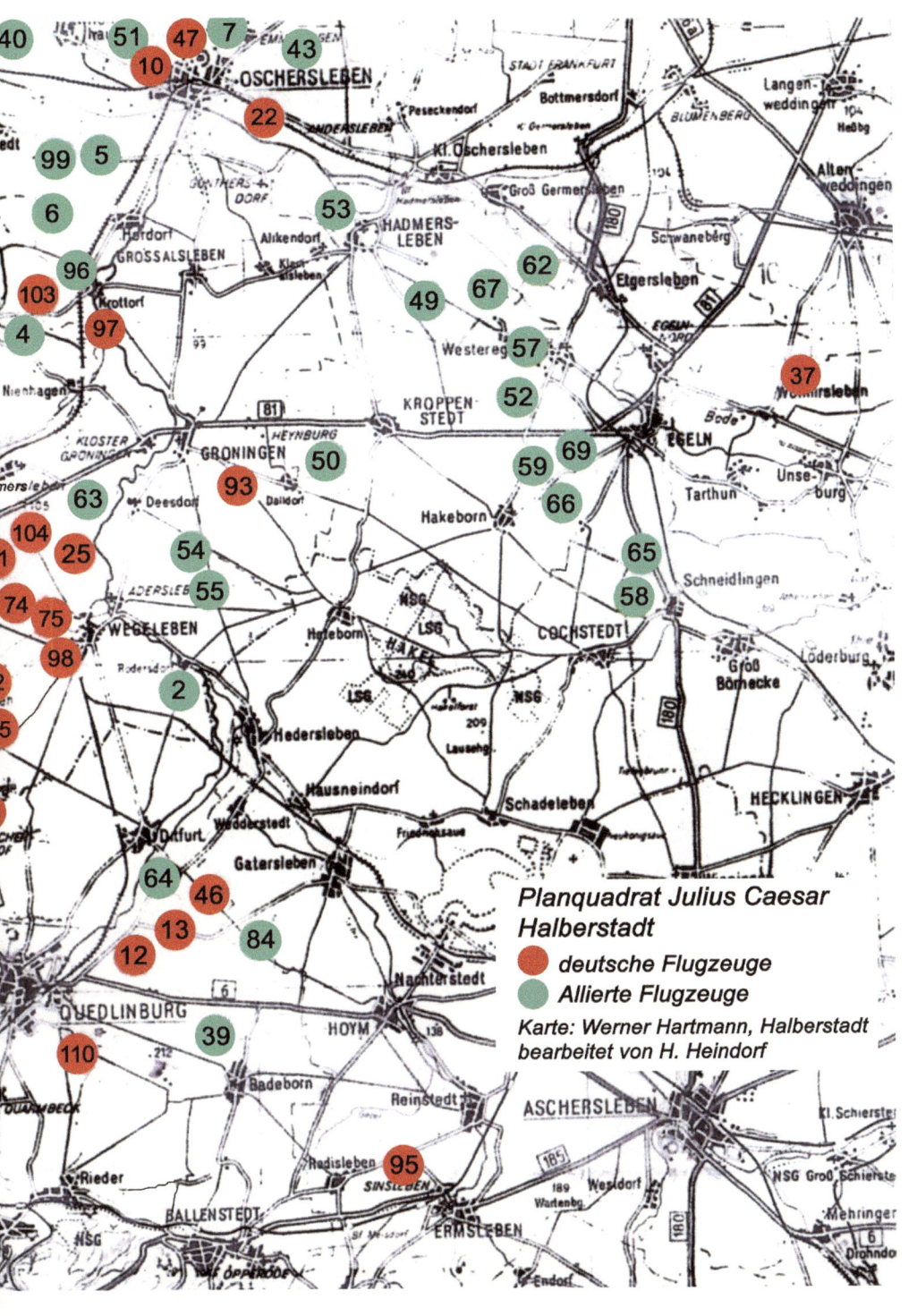

*Seite 6 - 7 – Absturzstellen-Karte: Die Zahlen – zum Beispiel **(111)** – der Absturzstellen finden Sie im Text an der entsprechenden Stelle wieder. Karte aus dem Archiv von Werner Hartmann, Halberstadt, bearbeitet von H. Heindorf*

Dieses Buch soll jedoch nicht den Aktivitäten der Wakos gewidmet sein, sondern ausschließlich den deutschen, britischen und US-amerikanischen Fliegern, die in diesem grausamen Krieg im Planquadrat JC ihr Leben lassen mussten.

Der erste Luftangriff der Alliierten auf zivile Ziele fand in der Nacht vom 15. zum 16. Mai 1940 durch die Royal Air Force im Ruhrgebiet statt, nachdem Premierminister Winston Churchill kurz zuvor das Verbot des Angriffs auf zivile Ziele aufgehoben hatte. Das Planquadrat JC blieb aber noch lange verschont von den alliierten Bombern – fast vier Jahre lang. Erst am 11. Januar 1944 bombardierten die ersten amerikanischen Flugzeuge den Halberstädter Luftraum. Es waren die berüchtigten und gefürchteten B-17 Bomber – auch fliegende Festungen genannt –, die die ersten, kleineren Luftangriffe auf Halberstadt flogen. Ziele von den 541 Bombern waren Rüstungsbetriebe in Braunschweig, Oschersleben und Halberstadt, vorwiegend jedoch Flugzeugwerke sowie deren Zulieferer. Im Planquadrat JC hatten die Amerikaner besonders die AGO-Werke Oschersleben sowie die Junkers-Werke in Halberstadt im Zielfokus. Die 139 Bomber, die die AGO-Werke angriffen, warfen 155,5 Tonnen Sprengbomben ab und trafen dabei ebenfalls zahlreiche Wohngebäude. Von den feindlichen Flugzeugen wurden 38 abgeschossen und viele beschädigt.

Von diesem Luftangriff gibt es mehrere Abschussprotokolle, unter anderem die zwei folgenden aus dem Archiv von W. Hartmann, Halberstadt:

CASUALTY REPORT

Date	:	11 January 1944 Time :
Aircraft	:	B-17F 42 - 3118 ' GREEN HORNET ' 8th AF.
Codes	:	GD -
Group/Squadron	:	381 BG -H- 534 BS
Base	:	Ridgewell, Essex.
Crash details	:	shot down by flak and fighters. When 2 engines were out the aircraft was abandoned and crashed about 10 miles from the target.
Target	:	Oschersleben aviation industry, Germany.

Buried in Timmenrode Cemetery Section 19, Grave 9.
(1) Killed : reinterred in Ardennes (initial plot number between brackets).

RWG	:	DEFENBAUGH Ross N., Sgt.	20619512	ILL
		killed in air by 20 mm shell.		Ardennes B-33-30
		(Y-12-294)		

P.O.W. :

P	:	LARSON Austin G., 2/Lt.	0-801290
CP	:	WILSON Francis E., 2/Lt.	0-808926
N	:	NEFF Horace R., 2/Lt.	0-809693
B	:	REGAN George T., 2/Lt. wounded, to hospital	0-668771
TTG	:	NIX Edwin A., S/Sgt.	18037573
RO	:	TRAINOR Michael J., Sgt.	31083896
BTG	:	COPELAND Milton B., Sgt.	38414001
LWG	:	CRAWBUCK John, S/Sgt.	12184210
TG	:	WILLIAMS Alex, Sgt.	

Note: the burial place of Sgt. Defenbaugh proves that the crash-site must have been in that immediate vicinity. Timmenrode is 3 km E. of Blankenburg/Harz or 33 km SSW of Oschersleben.

Übs.:
Das Platzbegräbnis von Sgt.D.beweist,daß das Absturzgelände in unmittelb.Nähe gewesen sein muß-Z.ist 3 km o von Blankeburg oder 33 km von Oschersleben Abgesch.von Flak und Jagdfl.Als 2 Mot.aus waren,wurde das Fl.verlassen und stürzte ca.1o Meilen vom Ziel ab

Sources: MACR. 1875
         'Dead List A/Z'

Details collected by: J.A. H e y - A.v.d.Leeuwstraat 12 - 7552 HS Hengelo NL.

CASUALTY REPORT

Date	:	11 January 1944 Time : 1140 h
Aircraft	:	B-17G 42 - 39893 8th AF.
Codes	:	IY - J
Group/Squadron	:	401 BG -H- 615 BS
Base	:	Deenethorpe, Northants.
Crash details	:	on return shot down by fighters and crashed about 10 miles south of the target. Fires in No. 4 engine and in bomb bay. Disintegrated in mid-air. No exact crash-site recorded.
Target	:	Oschersleben, Germany. Raum Kodersdorf?

Killed : reinterred in Netherlands. Initial plot numbers between brackets.

	RWG	: SCHMADER Charles R., Sgt.	33409014	
		Mortally wounded in fighter attack		U.S.A., PA.
		and died in air.		
(2)	TG	: WHITE James R., Sgt.	37130388	
		Killed in air in first attack.		U.S.A., MO.

P.O.W. :

P	: SPRECHER Donald C., 2/Lt.	0-804752
CP	: MASOOMIAN Zaven N., 2/Lt.	0-687313
N	: TINKLEPAUGH Kenneth N., 2/Lt.	0-690506
B	: WEISS Glen A., 2/Lt.	0-747630
LWG	: WINDHURST Raymond G., Sgt.	19085085
BTG	: SMART Donald W., Sgt.	
RO	: ALLEN Robert E., S/Sgt.	35091629
E	: ANDERSEN Ole, T/Sgt.	39455398

Hbs.: Auf der Rückkehr von Jagdflugz. abgeschossen
und ca. 1o Meilen s vom Ziel abgestürzt.
Feuer in Motor 4 und im Bombenschacht. Sich
mitten in der Luft aufgelöst. Keine exakte
Absturzlage (Evtl. Raum Rodersdorf ?)

Sources: MACR. 2505 (partly illegible)
         Book 401 BG.

Details collected by: J.A. H e y - A.v.d. Leeuwstraat 12 - 7552 HS Hengelo NL.

Der B-17 im Jahr 1941, Originalbildunterschrift: „Geschwader von Fliegenden Festungen, die für England bestimmt waren. Man beachte, dass sogar die Geschütztürme entfernt sind, um die Geschwindigkeit zu erhöhen. Diese wehrlosen Flugzeuge wurden leicht vernichtet, was das britische Misstrauen in strategische Tagesangriffe noch verstärkt hat."
Foto aus Entscheidung durch Luftmacht, Alexander P. de Seversky,
Union deutsche Verlagsgesellschaft Stuttgart 1951

(3) Ein B-17 Abschuss erfolgte auch über Schmatzfeld. Dazu gab W. Haberland im „Abbenröder Heimatheft" Nr. 13 (2001) folgenden kleinen Bericht: „Am 11. Januar 1944 wurde im Luftkampf von deutschen Jägern, wie den bei Goslar kurzzeitig stationierten Messerschmitt BF 109 und Focke Wulf FW 190 A, über Abbenrode, Stapelburg und Veckenstedt ein viermotoriger Bomber vom Typ Boeing B-17 abgeschossen. Über Schmatzfeld fiel der Bomber brennend vom Himmel, die gesamte Mannschaft verbrannte. Das noch mit Bomben beladene Flugzeug explodierte teilweise über Schmatzfeld. Die Maschine verlor über dem Grundstück des Landwirts Wolf, heute Doppelheuer, an der Wernigeröder Straße eine brennende Tragfläche mit zwei Motoren, die auf die Scheune des Wolfschen landwirtschaftlichen Betriebes fiel. Die gesamte Scheune, mit Luzerne, Stroh und anderen Futtervorräten sowie einem Kramer-Schlepper, einem Hanomag-PKW und Ackerwagen, Maschinen und Geräten, stand sofort in Flammen. Die Scheune brannte bis auf die Grundmauern nieder. Trotz eines Feuerwehreinsatzes konnten keine Geräte gerettet werden. Der Rest der Maschine schlug auf dem Acker von Erna Festerling auf."

(4) Von weiteren abgeschossenen B-17 Bombern ist folgendes bekannt: Ein Flugzeug stürzte in Schwanebeck zwischen der katholischen Kirche und dem späteren Rinder-Offenstall ab.

(5) Zwischen Hordorf und Oschersleben ging eine „Sky Wolf" der 303 BG nieder (Werk-Nr. 41-24672). Ein Besatzungsmitglied starb und die neun anderen gingen in Gefangenschaft.

(6) Etwa 800 m westlich von Hordorf zerschellte eine Maschine des 303. Bombengeschwaders mit der Werk-Nr. 42-39794; alle zehn Besatzungsmitglieder starben.

(7) Zwischen Neindorf und Altbrandsleben – nördlich von Oschersleben – stürzte ein „Eager Eagle II" des 351. BG mit Werk-Nr. 42-30780 ab. Beim Absprungversuch geriet ein Besatzungsmitglied ins Leitwerk der Maschine und wurde getötet. Sechs weitere Besatzungsmitglieder starben ebenfalls; ein Überlebender soll von der Bevölkerung erschlagen worden sein.

Es gab jedoch nicht nur bei den Alliierten Opfer, auch die deutsche Zivilbevölkerung hatte Tote bei diesen Luftangriffen zu beklagen: In Halberstadt kam der 16jährige Karl-Heinz Pech ums Leben und in Oschersleben überlebten 59 Menschen den Bombenangriff nicht, davon 17 Kinder. Auch die deutsche Luftwaffe kam nicht ungeschoren davon:

(8) In Heudeber am Steckhan-Silo stürzte eine Me 110 ab und riss zwei Flieger mit in den Tod. **(9)** Am Halberstädter Bahnhof Spiegelsberge zerschellte eine Me 109, wobei der Uffz. R. Wohlfahrt sein junges Leben verlor.

(10) Bereits einen Tag später, am 12.1.1944, erfolgte ein weiterer kleinerer Alliiertenangriff. Dabei geriet Oberfeldwebel H.-W. Hopfer mit seiner FW 190 A-7 (Werk-Nr. 430182) in einen Luftkampf, bei dem er ums Leben kam.

(11) Nur drei Tage später, am 15. Januar, erfolgte ein erneuter starker Luftangriff auf Mitteldeutschland und die Nordharzregion. Ein B-17 Bomber wurde dabei zwischen Berßel und Zilly abgeschossen. Dabei starben von den 10 Besatzungsmitgliedern sieben: Schmedor, White, Wallis, Chaffin, Fix, Reeb und Mhrikal waren ihre Namen. Sie wurden zunächst auf dem Halberstädter Friedhof beigesetzt, nach dem Krieg jedoch wieder exhumiert und in die USA umgebettet. Die anderen drei Besatzungsmitglieder kamen in Gefangenschaft.

Am selben Tag wurden weitere alliierte Flugzeuge zwischen Lüttgenrode und Osterwieck abgeschossen und insgesamt elf tote Besatzungsmitglieder aufgefunden: Tylor, Brookama, Johnson, Elkington, Martin und Grodall waren ihre Namen. Weitere sechs Tote ohne Papiere wurden aufgefunden und namenlos eingeäschert.

(12) (13) Am 20. Februar wurden bei Luftkämpfen im Raum Quedlinburg zwei deutsche Jagdflugzeuge von feindlichen Jägern abgeschossen: Uffz. Romeis und Feldwebel Hermann, beide vom 8./JG54, konnten sich durch einen Fallschirmabsprung retten.

(14) Nur einen Tag später, am 21. Januar 1944, kam es in Blankenburg zu einem tragischen Unfall. Ein deutscher Do 217-Bomber stürzte in Blankenburg in ein Wohnhaus in der Moltkestraße. Die fünf Flugzeuginsassen sowie 9 Hausbewohner kamen dabei ums Leben.

(14a) Schon am nächsten Tag war Wernigerode Schauplatz einer weiteren Tragödie: Amerikanische Bomber waren gestartet, um ihre tödliche Last auf die Rautenbach-Aluminium-Gusswerke abzuwerfen. Sie verfehlten jedoch ihr Ziel am Westende der Stadt und ihre Bomben trafen hingegen die Altstadt um die Breite Straße – trauriges Fazit waren annähernd 200 tote Zivilisten.

(14b - keine Absturzstelle zu zuordnen) Jener 22. Januar war jedoch für die alliierten Fliegertruppen äußerst verlustreich. Mit 15 Bombergeschwadern waren sie gestartet, um unter anderem auch Halberstadt, Aschersleben und Bernburg anzugreifen. Dabei gingen ihnen 38 Bomber Typ B-17, 3 Bomber Typ B-24, 8 Bomber Typ P-47 und 3 Bomber Typ P-51 verloren. Sieben Tote, 43 Verletzte und 411 vermisste Besatzungsmitglieder gingen in die traurige Statistik ein. Wie viele der Verluste allerdings dem Planquadrat JC zugeordnet werden können und ob sie von Abschüssen herrühren, konnte bisher nicht festgestellt werden.

„Eine Fliegende Festung mit dem neuen ‚Kinnturm‘, der zwei halbzöllige Kanonen enthält."
Foto: Alexander P. de Seversky, Entscheidung durch Luftmacht, Union deutsche Verlagsgesellschaft Stuttgart 1951

(14c - keine Absturzstelle zu zuordnen) Am 30. Januar wurde ein Nachtjäger Bf-110 (Typ Zerstörer - Zweisitzer) vom Nachtjagdgeschwader 6 im Planquadrat von alliierten Jägern abgeschossen. Oberleutnant Paul Gauß sowie Uffz. Günther Holz kamen dabei ums Leben.

(15) Der nächste dokumentierte Abschuss eines Bombers ist für den 4. März 1944 zu verzeichnen. Es war eine B-17 Maschine, die im Raum Veckenstedt am Boden zerschellte: Fünf Besatzungsmitglieder starben dabei in den Trümmern, fünf weitere kamen in Gefangenschaft. Es war ein Bomber mit der Bezeichnung „Mischief-Maker 2" des 96. Bombengeschwaders mit der Werk-Nr. 42-30412.

(16) Etwa zeitgleich stürzte bei Halberstadt eine deutsche He 111 mit fünf Mann Besatzung ab. Das Flugzeug war wahrscheinlich auf einem Übungsflug der Flugzeugführerschule 17 mit Feldwebel Hohfeld sowie vier unbekannt gebliebenen Besatzungsmitgliedern. Das Adverb „wahrscheinlich" verwende ich, weil kriegsbedingt vermieden wurde, eigene Verluste publik zu machen, was auch auf andere Schilderungen zutrifft.

(17) (18) (19) (20) - keine Absturzstellen zu zuordnen
Die nächsten Luftkämpfe fanden am 29. März statt – an diesem Tag war das Glück im Planquadrat JC nicht auf Seiten der Deutschen. Gleich fünf deutsche Jäger wurden in diesem Planquadrat abgeschossen, jedoch auch zwei amerikanische Begleitjäger vom Typ P-51 Mustang. Es waren dies der 197. Abschuss von Major Oskar-Heinrich Bär sowie der 6. Abschuss von Uffz. Stiegler, die beide zum 14. Jagdgeschwader gehörten. Von den deutschen Jägern kamen nachweislich ums Leben:

- Uffz. Rudolf Martin 1. JG
- Hauptmann Günther Wrobel 1. JG
- Fahnenjunker-Feldwebel Max Sauer 1.JG
- Uffz. Hans Niesgen 1. JG

Das Grab von Hans Niesgen befindet sich in der Feldflur von Badersleben. Es ist wohl das letzte Fliegergrab in diesem Territorium, das regelmäßig gepflegt wird.

Grab von Hans Niesgen, Foto: W. Hartmann 1995

(21) Das Jagdflugzeug von Flugzeugführer Georg Blech stürzte bei Klein-Quenstedt ab, er konnte sich jedoch mit dem Fallschirm retten.

(22) Am 9. April 1944 wurde der Obergefreite Friedrich Ruthekork mit seinem Jäger abgeschossen und in Halberstadt beerdigt.

(23) Bei einem alliierten Bombenangriff am 12. April wurde von der Flak am Fliegerhorst Halberstadt um 11.26 Uhr ein B-24 Bomber abgeschossen. Acht amerikanische Besatzungsmitglieder verloren dabei ihr Leben: 1/Lt. Walter Sherwood, 2/Lt. John Anderson, 2/Lt. James Sheridan, Sgt. William Yarbrouth, Sgt. Theodore Gryros, Sgt. James Draper, Sgt. William Mcgowan, Sgt. Joyce Carroll.

Dieser Bomberangriff auf den Halberstädter Flugplatz kostete 29 deutschen Soldaten und einem Zivilisten das Leben.

(24) Auch eine deutsche Maschine musste an diesem Tag einem Luftkampf Tribut zollen. Uffz. Jürgen Kemme vom 7. JG 3 stürzte bei Derenburg ab und überlebte nicht.

(25) Vermutlich im damaligen Landkreis Halberstadt wurde am 20. April 1944 der erst 19-jährige Fahnenjunker-Gefreite Werner Walter von feindlichen Jägern abgeschossen und auf dem Halberstädter Friedhof beigesetzt.

(26) Am 29. April 1944 fand im Luftraum des Planquadrates JC ein weiterer Großkampftag statt. Dazu schrieb Hans Kuhne im Uhlenklippenspiegel 33/1995 folgendes: „In den Mittagsstunden des 29. April 1944 machte die Gemeinde Hessen wieder nähere Bekanntschaft mit dem Luftkrieg. Amerikanische Bomberverbände hatten Berlin angegriffen. Die Viermotorigen waren auf dem Rückflug und deutsche Jagdflugzeuge attackierten sie. Eine schwergetroffene amerikanische Maschine blieb schließlich hinter ihrem davonfliegenden Pulk zurück, die Besatzung stieg aus, und an Fallschirmen pendelnd, näherten sich die Abgesprungenen der Hessener und Veltheimer Feldmark. Obwohl das Aufsuchen der Luftschutzkeller inzwischen für die meisten Dorfbewohner zur Selbstverständlichkeit geworden war, trieb dieses Schauspiel doch wieder einige Neugierige auf die Straßen und auf die Dachböden. Auch aus dem Luftschutzkeller der Bäckerei Schulle, der wegen seiner gewölbten Kellerdecke als einigermaßen zuverlässig angesehen werden konnte und deshalb auch von meinen Familienangehörigen und von mir aufgesucht wurde, ging man nach oben. Aber sehr schnell waren alle wieder unten, denn der lahmgeschossene amerikanische Riesenvogel stürzte plötzlich genau auf das Dorf zu. Wir alle, die wir ihn kommen sahen, hatten den Eindruck, dass er uns direkt auf den Kopf fallen würde. Die Neugierigen in den anderen Straßen des Dorfes befürchteten es in ihrem Falle sicher auch. Von ungeheurer Größe schien der mächtige Todesvogel zu sein; klein wirkten dagegen die Häuser des Dorfes, die Bäume und die Menschen. Dann aber zerschellte er, ohne Dächer und Türme berührt zu haben, direkt hinter dem Hessener Friedhof. Die Toten in den Gräbern wurden in ihrer ewigen Ruhe nicht gestört, obwohl das Trümmerfeld des abgestürzten Bombers ziemlich groß war."

Es war vermutlich der 202. Abschuss der Jagdfliegerlegende Major Bär vom Jagdgeschwader 1. Die zehnköpfige Besatzung konnte sich durch ihren Fallschirmabsprung retten und kam in Gefangenschaft.

(27) Am gleichen Tag wurde, etwa 300 m östlich von Dedeleben, auch eine amerikanische B-17 Maschine abgeschossen; über die Besatzung ist nichts bekannt geworden. An diesem Tag gingen den Amerikanern über Planquadrat JC noch zwei Begleitjäger verloren, die Opfer der deutschen Jäger wurden: **(28)** Das waren eine P-47 Thunderbold sowie eine **(29)** P-51 Mustang. Letztere wurde von 2/Lt. Paul Kallas vom 354. Fighter-Gr. geflogen und ging bei Göddeckenrode nieder; der Pilot kam dabei ums Leben. In diesen Luftkämpfen gingen zwei deutsche Jagdflugzeuge im Planquadrat JC verloren: **(30)** Uffz. Maximilian Reichenberger vom JG 1 stürzte bei Dedeleben ab und starb dabei; **(31)** Uffz. Josef Gold musste mit seiner FW 190 eine Bauchlandung bei Halberstadt hinlegen und hatte dabei das Glück unverletzt zu bleiben.

Waren in den Jahren zuvor die alliierten Luftangriffe noch nicht so häufig und wegen der guten und präzisen deutschen Luftabwehr sehr verlustreich, so änderte sich diese Situation für die Alliierten im Laufe des Jahres 1944 zunehmend zu ihren Gunsten. Im weiteren Verlauf des Jahres erlangten die Alliierten durch massiven Einsatz von Langstrecken-Jagdflugzeugen vom Typ North American P-51 endgültig die Lufthoheit. Die deutsche Rüstungsindustrie war in der Folge gezwungen, weite Teile ihrer Produktion in bombensichere, zumeist unterirdische Fertigungsräume zu verlagern. Dennoch konnte die Herstellung von Kriegsgütern durch den Einsatz von Kriegsgefangenen, Zwangsarbeitern und KZ-Häftlingen teilweise sogar noch erhöht werden.

Bei Halberstadt entstand in dieser Zeit ein Konzentrationslager. Am 21. April 1944 kamen die ersten KZ-Häftlinge aus Buchenwald nach Halberstadt. In einer Senke, drei Kilometer entfernt von Langenstein, begrenzt vom Hasselholz, den Zwiebergen und den Tönnigsbergen, begann der Aufbau des Lagers Langenstein-Zwieberge. Das Lager – ein Außenlager des KZ-Buchenwald – wurde zur Unterbringung von Häftlingen angelegt, die ein Stollensystem zur Produktion von Rüstungsgütern in die nahen Thekenberge treiben sollten. Innerhalb von 10 Monaten schufen etwa 6.000 Häftlinge ein Stollensystem von etwa 13 km Länge mit einer Gesamtfläche von 67.000 qm; dann wurde es für seine Produktionstätigkeit ausgebaut und eingerichtet.

Das amerikanische medizinische Personal evakuiert das Hospital der Überlebenden des KZ Langenstein-Zwieberge im April 1945
Foto: Dr. Bernard Metrick

Das Kommando „Junkers" sollte in den letzten Kriegsmonaten mit seiner Produktionstätigkeit als Zulieferer im Rahmen des „Jäger- und A 4-Programms" beginnen. Vermutlich war die Produktion von Motorteilen für Düsenjäger geplant. Aggregat 4 (A4) war die Typenbezeichnung der weltweit ersten funktionsfähigen Großrakete mit Flüssigkeitstriebwerk; sie wurde von Joseph Goebbels zur *Vergeltungswaffe 2*, kurz „V2" erklärt. Obwohl Maschinen teilweise installiert waren, kam es wohl nie zu einem Produktionsanlauf.

In der gesamten Zeit seiner Existenz befanden sich über 7.000 Häftlinge im Konzentrationslager Langenstein-Zwieberge. Ungefähr 2.000 Tote waren bis zur Befreiung des Lagers, durch Einheiten der 8. Amerikanischen Panzerdivision am 11. April 1945, zu verzeichnen. Über 2.500 Häftlinge starben auf dem „Todesmarsch", auf den die gehfähigen Häftlinge des Lagers am 9. April 1945 geschickt worden waren und der diese über Quedlinburg, Aschersleben, Köthen, Bitterfeld, Prettin nach Wittenberg und in einigen Fällen bis nach Genthin führte. Dass die Alliierten von der Existenz dieses KZs sowie der Stollensysteme Kenntnis hatten, ist nicht anzunehmen. Diese Stätten waren so abgeschirmt, dass sogar die einheimische Bevölkerung kaum davon etwas wusste. Die Bombenangriffe galten daher den bekannten Rüstungsbetrieben sowie deren Zulieferern.

Im Mai des Jahres 1944 nahmen die alliierten Luftangriffe an Intensität stark zu. Täglich gab es im Planquadrat Luftalarm, obwohl dessen Territorium oftmals nur überflogen wurde. Aber wer konnte das geplante Einsatzgebiet der Bombergeschwader schon voraussehen? Das nördliche Harzvorland lag auf der Flugroute der Kriegsgegner, die dann in Nord- und Mitteldeutschland ihre tödliche Ladung abwarfen. Noch aber stand die Luftabwehr und die deutschen Jäger setzten den Alliierten noch stark zu.

(32) (33) So verloren die Alliierten im Monat Mai 1944 – genaue Daten liegen nicht vor – durch Abschuss weitere zwei B-17 Bomber. Eine Maschine ging etwa 100 m östlich des Katzenkopfes am Ostende der Klusberge nieder und forderte mehrere Tote. Der zweite Bomber mit 10 Besatzungsmitgliedern stürzte im Raum Schmatzfeld ab, wobei alle Insassen starben.

(34) Am 19. Mai wurde Braunschweig massiv von feindlichen Bomberverbänden angegriffen. Erneut trat an diesem Tag der Ort Hessen ins Rampenlicht, indem dort um 14 Uhr ein B-24 Bomber abgeschossen wurde. Ein Zeitzeuge berichtet darüber: „Wieder wurde ein amerikanischer Langstreckenbomber über dem Dorf abgeschossen. Er brach bereits in der Luft auseinander und seine einzelnen Teile segelten nach unten. Alle Trümmer lagen in unmittelbarer Nähe der Zuckerfabrik. Keines der Besatzungsmitglieder überlebte. Mehrere tote Amerikaner befanden sich noch im Rumpf des Flugzeugwracks, die anderen waren beim Aufprall in den Acker geschleudert worden. Ein totes Besatzungsmitglied lag dicht an der Reichsstraße 79 in Höhe der Zuckerfabrik-Schlammteiche. Wir Fahrschüler hatten bereits auf dem Bahnhof Mattierzoll von dem Abschuss des amerikanischen Bombers gehört und waren auf schnellstem Wege zur Absturzstelle geeilt, der tote Flieger an der Reichsstraße forderte unsere ganze Aufmerksamkeit heraus. Sein Körper war total verbrannt und geschrumpft, leichter Qualm stieg noch von ihm auf. Aber merkwürdigerweise war sein Kopf mit den Haaren von den Flammen ziemlich unberührt geblieben, vielleicht hatte ihn die Fliegerhaube geschützt, die wir dicht neben ihm sahen. Es war ein junger Mann mit dichtem blondem Haar, der da verbrannt vor uns auf dem Acker lag, nur einige Jahre älter als wir. Minuten zuvor hatte er sich noch seines Lebens freuen können." (siehe Report Seite 24 – Archiv W. Hartmann)

(35) Es folgt mit dem 28. Mai 1944 ein schwarzer Tag für die deutsche Luftwaffe, zumindest in unserem Planquadrat, denn das JG 1 und das JG 3 verloren zusammen vier Jagdflugzeuge. Zuerst stürzte in der Ortslage Dedeleben Oberleutnant Kotitza ab und kam ums Leben. Der aus Wien stammende und am 16.1.1921 geborene Kotitza hatte selbst schon 5 Abschüsse zu verzeichnen.

(36) Sein Rottenflieger Uffz. Hardy hatte mehr Glück im Unglück, er musste 300 m östlich von Dedeleben notlanden und wurde nur leicht verletzt.

CASUALTY REPORT   U.S. AIR FORCES.

Date	:	19 May 1944
Aircraft	:	B-24H 41 - 29474
Codes	:	GC -
Group/Squadron	:	392 BG -H- 579 BS
Base	:	Wendling, Norfolk
Details of loss	:	shot down by German fighters. Exploded in mid-air; parts scattered in radius of 600 m. Crashed near Hessen, 21½ km N. of Wernigerode, Germany.

Time : 1400 h
8th AF.

Target   :   Brunswick, Germany.

Killed : * buried in the Cemetery of Veltheim
         ** buried in the Cemetery of Gross-Winnigstedt.
(34)   All reinterred in Netherlands between 19th and 24th May 1945; initial
         plot numbers between brackets, except for Sgts. Trappe and Hayden (Ardennes)

P	:	FELSENTHAL Charles L., 2/Lt. (X-8-195)	O-691489	U.S.A., CAL.
CP	:	ZANINI Olympio C., 2/Lt. (X-6-140 as X-810)	O-759786	U.S.A., ILL.
RO	:	KRAPF Norman C., S/Sgt. (X-9-202 as X-822)	17169558	IOWA Netherlands G-19-18
E	:	DOTY Amos E., S/Sgt. (X-8-193)	34506780	TENN Netherlands L-3-9
G	:	SCHAEFER Lee A., Sgt. (X-11-266 as X-703)	35670281	OHIO Ardennes C-14-30
G	:	TRAPPE William H.A., Sgt. (C-3-57)	33552475	MD Ardennes A-34-40
G	:	CUERVO Frederick J., Sgt. (X-8-179)	39130108	U.S.A., Golden Gate National Cemetery, San Bruno, CAL.
G	:	HAYDEN Quinton R., Sgt. (C-3-53)	34648709	U.S.A., S C.

The following charred remains could not be individually identified after
the war and were reinterred in Netherlands Plot X-7-153 and X-11-260.
They received a Group Burial in Zachary Taylor National Cemetery,
Louisville, KY., U.S.A.

N	:	VALLEY Wilbur L., 2/Lt.	O-699277	
B	:	BOBB Lonnie L., 2/Lt.	O-696192	

Sources: MACR. 4936   'X-Numbers Netherlands'   'Dead List A/Z'

Details collected by: J.A. H e y - A.v.d.Leeuwstraat 12 - 7552 HS Hengelo, Holland.

Der B-17 bei Kriegsende: „Mit einem zusätzlichen Kinnturm ausgerüstet, war der Bomber endlich zu einer echten Waffe strategischer Luftmacht geworden. Mit der Unterstützung von Geleitjägern errang er bald die Luftherrschaft über Deutschland."
Foto: Alexander P. de Seversky, Entscheidung durch Luftmacht, Union deutsche Verlagsgesellschaft Stuttgart 1951

(37) Bei Wolmirsleben, nahe Egeln, ging die Fw 190 mit Werknr. 340688 von Oberfähnrich Gustav Knoll verloren, nachdem der Jagdflieger zuvor bei Magdeburg einen B-17 Bomber abgeschossen hatte. Knoll überlebte den Absturz verletzt.

(38) Im Raum Halberstadt stürzte dann noch eine Me 109 vom JG 3 ab, worüber jedoch keine weiteren Informationen vorliegen.

(39) Aber auch die Alliierten erlitten an diesem Tag Verluste: 17 km östlich von Quedlinburg stürzte eine P-51 Mustang mit Werknr. 42-106635 ab, der Pilot wurde dabei getötet. **(40)** Der, von Oberfähnrich Knoll, abgeschossene B-17 Bomber ging gegen 14 Uhr bei Magdeburg nieder; näheres ist nicht bekannt.

(41) Schon einen Tag später, am 29. Mai, setzte sich der Luftkampf fort. Uffz. Gaabel vom JG 1 schoss um 12.25 Uhr über Halberstadt eine Mustang P-51 ab, das Schicksal des Piloten ist ungewiss.

(42) Am 14./15. Juni wurden bei Osterwieck/Lüttgenrode zwei Lancaster der Britischen Air Force abgeschossen; das Schicksal der Besatzungen ist nicht bekannt.

Major Bär vor abgeschossener amerikanischer Maschine B 17
Bundesarchiv Bild 101I-666-6875-05, Rothkopf 1944

(43) Dann war für einige Tage Ruhe, bevor es am 7. Juli 1944 zu einem der ereignisreichsten Tage des Luftkrieges im Planquadrat JC kam. Dieser Tag ging in die Luftfahrtgeschichte als Tag der Luftschlacht bei Oschersleben/Egelner Mulde ein.

7 JULY 1944

8AF 458

		Despatched	Effective	Target		Bombs Tonnage
2BD	B-24	373	102	LÜTZKENDORF O/I	(P)	229.1
			64	HALLE O/I	(P)	156.1
			73	ASCHERSLEBEN A/I	(P)	203.7
			90	BERNBURG A/I	(P)	256.9
			8	T/O		22.1
3BD	B-17	303	64	BÖHLEN O/I	(P)	148.0
			51	MERSEBURG O/I	(P)	105.5
			32	LÜTZKENDORF A/F	(S)	43.4
			67	KOLLEDA A/F	(S)	138.7
			16	GÖTTINGEN M/Y	(O)	39.2
			22	T/O		42.2
1 & 3BD	B-17	453	79	LEIPZIG/MOCKAU O/I	(P)	193.5
			114	LEIPZIG/TAUCHA O/I	(P)	264.1
			15	LEIPZIG/ABTNAUNDORF	(P)	37.0
			46	LEIPZIG B/I	(P)	120.0
			35	LEIPZIG/HEITERBLICK	(P)	86.8
			35	KOLLEDA A/F	(O)	82.1
			19	LEIPZIG STATION	(O)	46.2
			7	NORDHAUSEN	(O)	17.5
TOTALS:		1129	939			2232.1

VIII FC

			Target
	P-38	100	224	ESCORT 2BD
	P-47	64		
	P-51	91		
	P-38	44	185	ESCORT 3BD
	P-47	49		
	P-51	114		
	P-47	111	247	ESCORT LEIPZIG
	P-51	183		
TOTALS:		756	656	

Angriffsziele am 7.7.1944
Abbildung: Archiv Werner Hartmann, Halberstadt

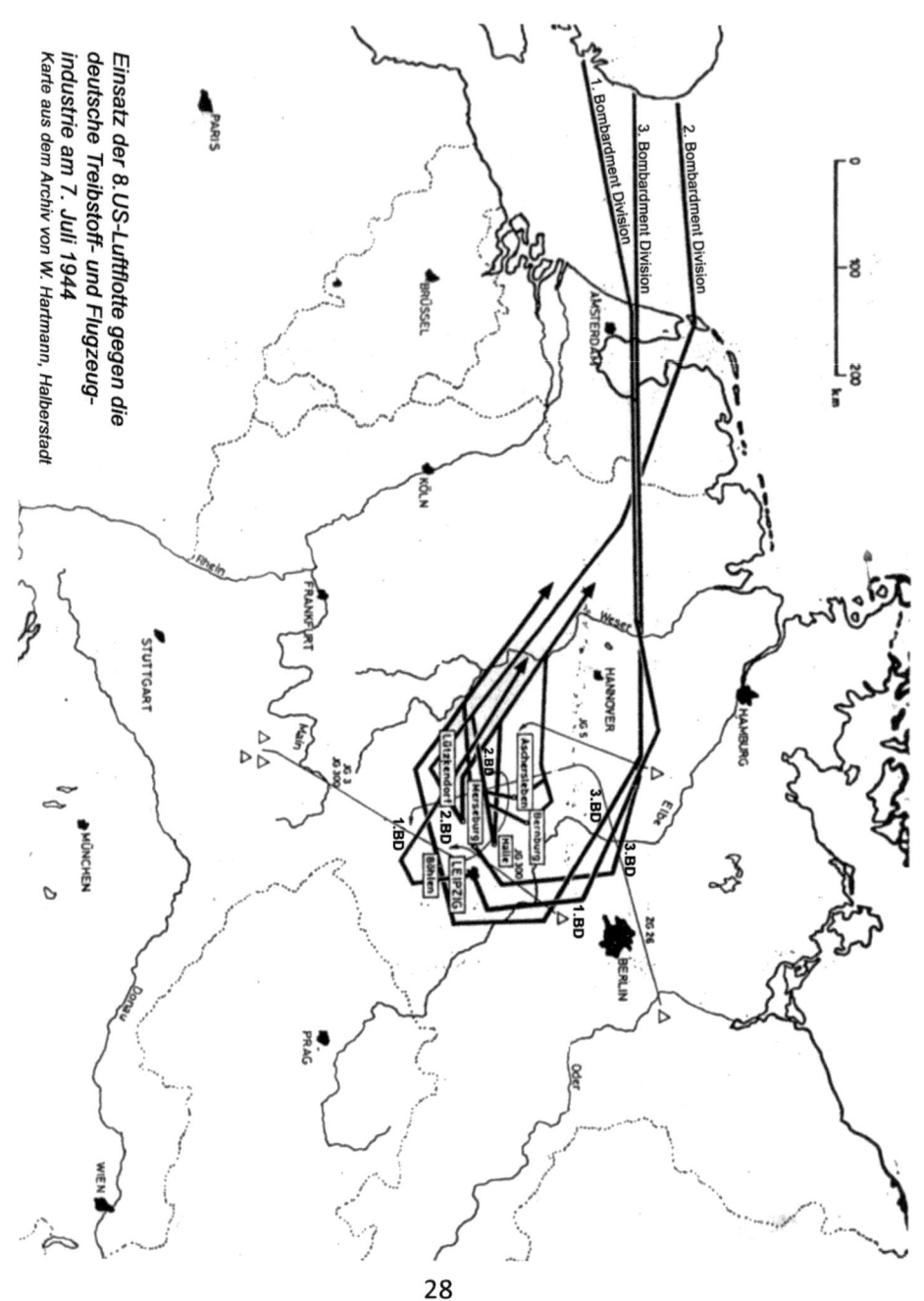

Einsatz der 8. US-Luftflotte gegen die deutsche Treibstoff- und Flugzeug-industrie am 7. Juli 1944
Karte aus dem Archiv von W. Hartmann, Halberstadt

Von Südengland aus starteten am frühen Morgen 1.129 viermotorige „Fliegende Festungen", die von 756 Langstrecken-Begleitjägern eskortiert wurden. Ihre Ziele lagen in Mitteldeutschland: Braunkohle-Benzig AG Böhlen, Wintershall AG Lützkendorf, Erla Maschinenwerke GmbH Leipzig-Möckau, Siebel-Flugzeugwerke GmbH Halle, Mitteldeutsche Motorenwerke Leipzig-Taucha, IG-Farbenindustrie AG Merseburg, Deutsche Kugellagerfabrik GmbH Leipzig, Junkers Flugzeug- und Motorenwerke AG in Bernburg und Aschersleben sowie die Flugplätze Kölleda und Nordhausen. Gegen 7.15 Uhr hatten die alliierten Geschwader die Nordsee überquert und holländisches Gebiet erreicht. Etwa eine Stunde später waren die feindlichen Flieger ausgemacht und von deutschen Fliegerhorsten starteten 90 Jagdflugzeuge Me 109 und Fw 190. 90 deutsche Flugzeuge gegen 1.885 alliierte Maschinen!

Im Raum Staßfurt/Egeln/Oschersleben erlebten die amerikanischen Verbände ein Fiasko, als sich eine Sturmgruppe unter Major Dahl geschlossen aus einer Wolkendecke heraus auf den Bomberverband warf: Mindestens 19 Großbomber wurden abgeschossen, wobei geschätzte 110 amerikanische Flieger starben.

Jedoch auch die Deutschen erlitten hohe Verluste: 14 Jagdflugzeuge gingen verloren und mindestens 4 Piloten verloren ihr junges Leben:

(**44**) Uffz. Schwarzpaul, JG 300 „gelbe 9" bei Halberstadt;

(**45**) Leutnant Koch, JG 51, bei Halberstadt, wo er auch beerdigt wurde;

(**46**) Oberfähnrich Voß, JG 3, bei Ditfurt;

(47) Uffz. Nickel, bei Neindorf.

Inzwischen hatten sich die Bomber-Verbände geteilt. Ein Teil der B-17 Bomber flog in Richtung Leipzig. Ein direkter Treffer brachte das Dach des Querbahnsteiges des Leipziger Hauptbahnhofes zum Einsturz, insgesamt fielen diesen Angriffen etwa 470 Menschen zum Opfer. Ein zweiter Verband von B-17 Maschinen griff die Bernburger Zuliefererbetriebe des Flugzeugherstellers Junkers an, die B-24 Bomber nahmen Kurs auf die Aschersleberner Junkerswerke. So setzten sich in kurzer Zeit die Angriffe auf mitteldeutsche Rüstungsbetriebe fort. Als sich die Bomber-Verbände ihrer vernichtenden Ladung entledigt hatten, formierten sie sich um mit einer Schleife über Staßfurt den Rückflug anzutreten, wobei sie ihre Flughöhe auf etwa 3.000 m reduzierten. Was dann geschah, schildert der Augenzeuge Gerhard Horn (+) aus Hakeborn. Er war damals 17 Jahre alt, und wie viele andere an diesem Sommertag auf dem Feld um Schoten zu pflücken: „Es war gegen 8 Uhr, als wir die Sirenen hörten; Fliegeralarm", erinnert sich Gerhard Horn. Aber Fliegeralarm war damals alle paar Tage, nichts Besonderes also. „Gegen 9 Uhr hörten wir dann das Brummen der amerikanisch Bomber und das Detonieren von Bomben in der Ferne", berichtet Horn weiter. Die amerikanische Luftarmada erschien einige Zeit später über der Egelner Mulde. Der Himmel war wolkenverhangen und die Bomber-Verbände näherten sich unter der Wolkendecke. Plötzlich stießen 90 deutsche Jagdflugzeuge durch die Wolkendecke und beschossen die Amerikanischen „Fliegenden Festungen". Wie die anderen Feldarbeiter, so suchte auch Gerhard Horn Schutz und musste mit ansehen, wie ein amerikanischer Bomber nach dem anderen vom Himmel fiel oder in großer Höhe einfach explodierte.

Was war geschehen, dass 90 deutsche Jäger der riesigen feindliche Übermacht derart zusetzen konnten? Rolf Dieter Müller berichtet in seinem Buch „Der Bombenkrieg 1939-45", dass die deutschen Jäger erstmals Luft-Luft-Raketen einsetzten, die eine größere Reichweite aufwiesen als die Bordwaffen der „Fliegenden Festungen". Was für Luft-Luft-Raketen aber sollen das gewesen sein? Die einzige von deutscher Seite im Zweiten Weltkrieg eingesetzte Luft-Luft-Rakete war die ungelenkte R4/M „Orkan". Von ihr wurden bis zum Kriegsende 12.000 Stück produziert, sie wurde aber erst ab 1945 eingesetzt. Die beiden lenkbaren Luft-Luft-Raketentypen Henschel Hs 117H und Ruhrstahl X-4 befanden sich erst in der Entwicklung und kamen angeblich nicht mehr zum Kriegseinsatz. Von militärtechnischen Gesichtspunkten aus können also keine Luft-Luft-Raketen zum Einsatz gekommen sein. Wohl aber Raketenwerfer – sogenannte Nebelwerfer – die von Dipl.-Ing. Rudolf Nebel bereits im 1. Weltkrieg entwickelt wurden. Die Weiterentwicklung im 2. Weltkrieg hieß Nebelwerfer 21-cm-Werfer-42. Dieser war ein Raketenwerfer mit fünf im Kreis angeordneten Rohren von 1.300 mm Länge, der eine Reichweite bis zu 7,8 km besaß. Als sich 1943 herausstellte, dass sogar schwere Bordkanonen für die Bekämpfung feindlicher Bomber nicht wirkungsvoll genug waren, wurde aus eigener Verantwortung von deutschen Fliegeroffizieren die Verwendbarkeit des Werfers auf seinen Einbau in Jagdflugzeugen untersucht. Ab Januar 1944 fanden entsprechende Tests statt, in denen die Jagdflugzeuge Me 109 und Fw 190 mit diesen Raketenwerfern ausgerüstet wurden. Schnell zeigte sich die Überlegenheit dieser Raketenwerfer – genannt Wgr 21 – gegenüber den üblichen Bordwaffen. Mit diesen neuen Bordwaffen und ihrer erheblich größeren Reichweite konnten die Panzerungen der amerikanischen Bomber effizient durchbrochen werden. Allerdings gab es einen Wermutstropfen: Die Anzahl der mitzuführenden Raketen war stark beschränkt.

B-24-Bomber – Heitsmannsmühle No-440145
Foto: Archiv von W. Hartmann, Halberstadt

So ausgestattet mit Raketenwerfern griffen die deutschen Me 109/110 und Fw 190 wohl die Bomber an. Diese waren den deutschen Jägern schutzlos ausgeliefert und sie versuchten in Richtung Rhein zu fliehen. Dort wurden sie von den zurückgebliebenen Begleitjägern in Empfang genommen, die die deutschen Jäger abdrängen konnten. Viele der feindlichen Bomber schafften es aber nicht. Es heißt, die Amerikaner verloren an diesem Luftkampftag etwa 4 Prozent ihrer Bomber – ein Fiasko. Der Schwerpunkt der Luftschlacht lag über der Egelner Mulde.

Gerhard Horn berichtet: „Der Himmel war voller Trümmerteile". Überall fielen Trümmerteile zu Boden, viele davon brannten. Einige wenige amerikanische Soldaten konnten sich mit Fallschirmen retten, sie kamen in Gefangenschaft. Die meisten Besatzungsmitglieder verbrannten jedoch in ihren Maschinen oder stürzten mit ihnen ab. Es heißt, es war eine der größten Luftschlachten des 2. Weltkrieges.

Über die amerikanischen Verluste hat Werner Hartmann folgendes recherchiert:

(48) B-24 H; Werknummer 42-50370; Einheit: 492 BG; Absturzstelle 1 km südwestlich Ohrsleben; Verluste: 2/Lt. Bocksberger, Alfred C.; Sgt. Harmon, Raymond C.; acht Besatzungsmitglieder kamen in Gefangenschaft.

(49) B-24 J; Werknummer 44-40256; Einheit: 492 BG; Absturzstelle zwischen Westeregeln und Hadmersleben; Verluste: Sgt. Wing, John G.; Sgt. Campion, Fabian M., Sgt. Pleasant, Douglas N.; sieben Besatzungsmitglieder kamen in Gefangenschaft.

(50) B-24 H; Werknummer 42-95230; Einheit: 492 BG; Absturzstelle bei Gröningen; Verluste: 2/Lt. Cotton, Joseph; Sgt. Zeigler, Paul L.; Sgt. Miller, Doyle C.; Sgt. Kerr, Richard L.; sechs Besatzungsmitglieder kamen in Gefangenschaft.

(51) B-24 J; Werknummer 44-40086; Einheit: 492 BG; Absturzstelle zwischen Warsleben und Ausleben; Verluste: Capt. Pelkey, Ernest E.; 2/Lt. Miscevics, Charles; Sgt. Mc Elyes, Robert H.; Sgt. Brzozowski, John J.; Sgt. Reevers, Eugene A.; drei Besatzungsmitglieder kamen in Gefangenschaft.

(52) B-24 H; Werknummer 42-95177; Einheit: 492 BG; Absturzstelle etwa 4 km östlich von Kroppenstedt; Verluste: 2/Lt. Meyer, Henry H.; 2/Lt. Stein, Lester; Sgt.

Kelly, James S.; Sgt. Majchrzak, Clarence A.; 1/Lt. Newman, Clayton J.; Sgt. Mc Laughlin, William F.; vier Besatzungsmitglieder kamen in Gefangenschaft.

(53) B-24 J; Werknummer 44-40132; Einheit: 492 BG; Absturzstelle bei Alikendorf (Hadmersleben); Verluste: 1/Lt. Kilpatrick, Donald M; 2/Lt. Wrobel, Glen R.; Sgt. Coates, James O.; Sgt. Byers, Leon A.; Sgt. Novotny, Herbert M.; Sgt. Brackins, Donald L.; vier Besatzungsmitglieder kamen in Gefangenschaft.

(54) B-24 J; Werknummer 44-40110; Einheit: 492 BG; Absturzstelle etwa 1,5 km südlich Gröningen; Verluste: Sgt. Snyder, Franklin W.; neun Besatzungsmitglieder kamen in Gefangenschaft.

(55) B-24 J; Werknummer 42-10170; Einheit: 44 BG; Absturzstelle bei Gröningen; Verluste: Sgt. Yocco, Dominic P.; neun Besatzungsmitglieder kamen in Gefangenschaft.

(56) B-24; Abschuss durch Flakbatterie 1/226 bei Schadeleben; Absturzstelle Bahnübergang bei Neuwegersleben/Schwanebeck; Verluste: Lt. Barton wurde am 8.7.44 bei Dingelstedt erschossen; Lt. Ward wurde wahrscheinlich erschlagen; Lt. Glenn starb bei Klein Quenstedt.

Aus dem Protokoll des damals amtierenden Schwanebecker Bürgermeisters Borchers: „… Die gefangenen 7 Mann wurden durch die San.-Kolonne ins Rathaus gebracht, ein herbeigerufener Arzt behandelte die unter Schock stehenden Soldaten. Der hinzugekommene Landrat Dr. Fromm aus Oschersleben fragte mich (Borchers), warum die Gefangenen noch leben würden und wer den Arzt gerufen hätte. Hier hätte doch die Volksseele einschreiten müssen. Ich bestätigte ihm, dass ich den Arzt habe rufen lassen und dass die Gefangenen unter meinem Schutz stehen würden. Der Landrat beschimpfte daraufhin die Flieger: „Gesindel, Verbrecher…!"

Eine Bürgerin, Frau Bertha Knochen, Mutter von 12 Kindern, gab einem der Gefangenen eine erbetene Zigarette. Die Frau wurde verraten und sie wurde zur Strafe als Arbeiterin in die Munitionsfabrik Muna Mönchshai verpflichtet, wo sie bei der Betriebs-Explosion am 21.9.44 (91 Tote) ums Leben kam.

(57) B-24; Absturzstelle bei Mühle Hermann südlich Westeregeln; sechs Tote, vier Besatzungsmitglieder kamen in Gefangenschaft.

(58) B-24; Absturzstelle westlich von Schneidlingen; acht Tote, zwei Besatzungsmitglieder kamen in Gefangenschaft.

(59) B-24; Absturzstelle zwischen Egeln und Kroppenstedt an Höhe 96; neun Tote, zwei Soldaten kamen in Gefangenschaft.

(60) B-17; Absturzstelle bei Schauen; 10 Tote; dazu das Abberöder Heimatblatt Nr.13: „Der andere in Brand geschossene Boeing B-17 Bomber explodierte nördlich von Stapelburg, Richtung Schauen. Alle Besatzungsmitglieder kamen bei der Explosion ums Leben. In der Faulbreite, unweit der Amtsmühle vor der Stimmecke, lagen vier Motoren brennend auf dem Acker. Das Leitwerk und das Heck lagen vorm Schauener Wald, Teile des Rumpfes wurden im Sauwinkel gefunden."

(61) B-17; Absturzstelle 300 m östlich Dedeleben; 1 Toter, vier Vermisste, fünf Besatzungsmitglieder kamen in Gefangenschaft-

(62) B-17; nordöstlich von Kroppenstedt; neun Tote

(63) B-17; Absturzstelle Gröninger Löcher bei Emersleben; neun Tote; ein Soldat kam in Gefangenschaft. Er wurde im Spritzenhaus von Emersleben eingesperrt und misshandelt. Dafür wurde ein Bürger am 11.4.1945 von amerikanischen Soldaten erschossen.

(64) B-24; Absturzstelle bei Ditfurt nahe Quedlinburg; fünf Tote, fünf Besatzungsmitglieder kamen in Gefangenschaft.

(65) B-17; Absturzstelle südlich von Egeln; zwei Tote, acht Besatzungsmitglieder kamen in Gefangenschaft.

(66) B-17; Absturzstelle südlich Egeln zwischen Höhe 77 und Höhe 92; keine weiteren Angaben.

(67) B-17; Absturzstelle südöstlich von Hadmersleben; keine weiteren Angaben.

(68) B-24; Absturzstelle bei Dingelstedt; keine weiteren Angaben.

(69) B-24; Absturzstelle südlich von Egeln, an der Straße nach Kroppenstedt; 1 Toter.

(70) B-38; Absturzstelle bei Klein Quenstedt; ein Toter; Lt. Glenn, Jack (Friedhof Halberstadt).

Soweit die in unserer Region abgestürzten amerikanischen Bomber von dieser Luftschlacht, die heute noch recherchierbar waren. Es waren sicherlich nicht alle Maschinen! Die deutschen Jäger verfolgten die Bomber weiter bis zum Rhein, wo die amerikanischen Begleitjäger die Jagd beendeten. Auf dieser Flugstrecke, und darüber hinaus bis zu ihrer Startbasis, stürzten noch viele Bomber ab, die zum Teil wohl schon in der Oschersleber Luftschlacht getroffen worden waren.

Aber auch die deutsche Luftwaffe hatte bei diesen Luftkämpfen einige Verluste zu beklagen, jedoch nur an Jagdmaschinen, die Piloten konnten sich allesamt mit dem Fallschirm retten:

(71) Fw 190; Pilot Lt. Sinninger JG 300; Absturzstelle Raum Halberstadt, verwundet.

(72) Fw 190; Pilot Gefr. Steincke JG 300; Absturzstelle Raum Halberstadt, unverletzt.

(73) Fw 190; Pilot Uffz. Büthe JG 300; Absturzstelle Raum Halberstadt, unverletzt.

(74) Fw 190; Pilot Uffz. Geismeier JG 300; Absturzstelle Raum Halberstadt, verwundet.

(75) Fw 190; Pilot Uffz. Güldenpfennig JG 300; Absturzstelle Raum Halberstadt, verwundet.

(76) Fw 190; Pilot Lt. Iffland JG 3; Absturzstelle bei Harsleben, verwundet.

(77) Fw 190; Pilot Uffz. Hardy JG 1; Absturzstelle bei Dedeleben, verwundet.

Eine deutsche Messerschmitt Bf 109E vom 9. JG 2 Richthofen in Jever, Deutschland, im Jahre 1941. Das Emblem des 9. JG's ist auf der Motorhaube sichtbar. Urheber unbekannt

Außerdem stürzte noch eine Me 109 bei Ballenstedt ab, über den Piloten ist nichts bekannt. Es war in Kriegszeiten üblich, die feindlichen Abschüsse weithin zu kommunizieren und die eigenen Verluste möglichst geheim zu halten. Die NS-Propagandamaschinerie lief damals auf Hochtouren, was zur Folge hatte, dass man Erfolge gern bereits populären Kriegshelden zuschrieb. So wohl auch geschehen im Fall des „Sturmangriffs" der deutschen Jäger in der Oscherslebner Luftschlacht. Als Held publiziert wurde Major Walther Dahl, der Kommodore des JG 300 war. Dahl, der auch als „Rammdahl" bezeichnet wurde, war Träger des Ritterkreuzes und hatte bereits um die 70 Abschüsse zu verzeichnen. Sein Geschwader führte aber wohl nicht den Hauptangriff, sondern das JG 3 unter Hauptmann Moritz – das JG 300 war weiter südlich aktiv.

Alle toten amerikanischen Soldaten wurden auf den umliegenden Friedhöfen begraben. Eine Ausnahme bildete die „Mc Murray Crew" eines B-24 Bomber, der auf einem Acker an der B 81 abstürzte – alle neun Besatzungsmitglieder fanden dabei den Tod. Diese Maschine und die toten Amerikaner wurden an Ort und Stelle auf dem Acker verscharrt. „Bei den Amerikanern galt diese Maschine als vermisst. Man dachte, sie sei vor England ins Meer gestürzt", berichtet Augenzeuge Gerhard Horn. Ihn ließen diese Ereignisse ein Leben lang nicht los! Zu DDR-Zeiten war es allerdings schwer bis unmöglich, weiterführende Recherchen zu diesem Thema anzustellen.

Im Jahr 1996 erschien in einer amerikanischen Veteranen-Zeitung ein Artikel zu dieser Mc Murray Crew, den der Bremer Enrico Schwarz zur Kenntnis bekam. Er begann zu recherchieren und verfolgte eine Spur nach Westeregeln. In alten Aufzeichnungen fand er die Flurstücke des Absturzes. Im Jahr 2002 begann dann eine Suche mit Schippe und Spaten, an der Augenzeuge Gerhard Horn beteiligt war. Das Glück stand ihnen zur Seite, sie wurden fündig: Flugzeugreste, Erkennungsmarken, persönliche Gegenstände und Knochen fanden sie bei ihrer Suche. „Darunter war auch eine alte Fliegeruhr. Sie war um 9.45 stehengeblieben", erklärte Gerhard Horn.

Das Team informiert die US-Army, die ein Spezialkommando nach Westeregeln schickte, um die Überreste der amerikanischen Soldaten zu bergen. Tagelang wurde die Absturzstelle von Spezialisten untersucht und Flugzeugteile sowie menschliche Überreste wurden geborgen. Die gefundenen Körperteile gingen nach Hawaii, um sie dort zu untersuchen. Dann steht fest: Es handelt sich um die vermisste Mc Murray Crew. Die Überreste der Soldaten wurden mit höchsten amerikanischen Ehren auf dem Nationalfriedhof in Arlington bestattet – nach 60 Jahren.

Die verlustreiche Luftschlacht bei Oschersleben zeigte den Alliierten schmerzhaft auf, dass ihre Strategie der „Fliegenden Festungen" gescheitert war. Weil die Begleitjäger auf Grund mangelnder Reichweite zurückbleiben mussten und so den schwerfälligen Bombern keinen Schutz bieten konnten, kam es bei Oschersleben zum Desaster. Neue Strategien mussten her – die wurden jedoch nicht über Nacht gefunden. So herrschte erstmals längere Zeit Ruhe im Planquadrat JC, die fast täglichen Überflüge alliierter Bomber – in großer Höhe – hörten jedoch nicht auf. Für die alliierten Begleitjäger fand man zeitnahe Lösungen, um deren Reichweite zu erhöhen. Abwerfbare Zusatztanks wurden montiert und so der mitführbare Treibstoffvorrat erheblich erhöht, was bald zu einer entscheidenden Wende im Bombenkrieg führte. Die alliierten Fliegerkräfte erlangten die Lufthoheit zurück, die amerikanischen Mustang-Jäger wurden zum Schrecken der veralteten deutschen Jagdflugzeuge Me 109 und Fw 190.

So ist es zu erklären, dass nach der verlustreichen Luftschlacht bei Oschersleben längere Zeit Ruhe im Planquadrat JC herrschte, was jedoch nicht bedeutete, dass die fast täglichen Überflüge der Alliierten in großer Höhe aufhörten.

Die nächsten Verluste im Planquadrat JC waren deshalb deutschen Flugzeugen zu zuschreiben. **(78)** Am 16.8.1944 stürzte Uffz. Haass vom JG 300 bei Wernigerode mit seiner Me 109 ab und starb dabei. Es folgte ein weiterer deutscher Absturz: **(79)** Am 12.9.1944 hatte der Kommandeur des JG 4, Oberstltn. Hans-Günther von Kornatzky, Probleme mit seinem Flugzeug. Unweit von

Zilly setzte er zu einer Notlandung an, wobei er gegen eine Hochspannungsleitung flog. Das Jagdflugzeug stürzt ab und von Kornatzky kam dabei ums Leben; er war einer der ältesten und erfahrensten deutschen Jagdflieger. Am selben Tag verloren noch zwei weitere deutsche Piloten ihr junges Leben: **(80)** Gefreiter Heinz Jeltsch stürzte mit seiner Me 109 bei Papstorf ab und **(81)** Uffz. Gustav Bobas überlebte den Absturz seiner Me 109 1,5 km nordwestlich von Halberstadt nicht. Alle genannten vier Jagdflugzeuge gingen ohne Feindeinwirkung verloren.

(82) Auch die US-Luftflotte blieb nicht von Verlusten verschont: Am 12.9.1944 stürzte am Nordhang des Ziegenberges, unweit von Benzingerode, eine P-51 Mustang der 8.Flotte ab; Pilot Ltn. John Rix aus Kanada starb dabei.

Am gleichen Tag gelang einer Me 163 der erste Abschuss im Planquadrat JC. Die Messerschmitt Me 163 Komet (Spitzname „Komet") war das erste militärisch eingesetzte Serienflugzeug der Welt mit Raketenantrieb (Raketenflugzeug). Der Abschuss des amerikanischen B-17 Bombers in 8.000 m Höhe war einer der ersten überhaupt - wohl der dritte Abschuss - aber der erste im hiesigen Planquadrat. Das Flugzeug war Bestandteil der propagierten „Wunderwaffen" des „Dritten Reichs" zur Erreichung eines deutschen „Endsiegs". Es war das erste Flugzeug, das die 1.000-km/h-Marke überschritt. Die Me 163A V4 erreichte am 2. Oktober 1941 eine Geschwindigkeit von 1.003,67 km/h.

Bis zum Kriegsende konnten allerdings nur 274 Serienflugzeuge hergestellt werden. Und diese litten besonders im Jahr 1944 noch an vielen Kinderkrankheiten. Bei den Piloten erlangte die Me 163 den Ruf einer „Todesfalle", denn es kamen mehr Piloten durch Unfälle ums Leben als durch Feindeinwirkungen; insgesamt sind nur 9 Bomberabschüsse bestätigt. Auch war die Me 163 nicht als Jagdflugzeug konzipiert sondern als Abfangjäger.

(83) An jenem Tag, dem 12.9.1944, stürzte noch ein weiterer amerikanischer B-17-Bomber ab. Der Bomber mit der Werknummer 43-38214 vom 493 BG, ging zwischen Stapelburg und Anderbeck nieder. Im Heck der abgestützten Maschine fand man zwei Tote, der Rest der Besatzung hatte sich durch Absprung retten können und kam in Gefangenschaft.

(84) Gut zwei Wochen später ging ein B-17 Bomber im Raum Quedlinburg unsanft zu Boden – er war von Major Dahl abgeschossen worden. Was aus der Flugzeugbesatzung wurde ist nicht überliefert und wohl heute kaum noch zu klären. Ein Erfolg für die deutsche Luftwaffe war dieser Abschuss dennoch nicht. Im Zusammenhang mit diesem Abschuss stürzten gleich drei deutsche Jagdflugzeuge ab und die Piloten ließen dabei ihr junges Leben: **(85)** Bei Harsleben stürzte Obergefreiter Fritz Bornhöft ab, **(86)** bei Halberstadt Uffz. Werner Junggunst und an der Paulkopfwarte, **(87)** an der Grenzmarkung zu Schwanebeck, fand Uffz. Alois Huschke mit seiner Fw 190 den Fliegertod. Alle drei Jagdpiloten fanden auf dem Halberstädter Friedhof ihre letzte Ruhestatt. Noch ein viertes Jagdflugzeug wurde bei diesem Einsatz in der Nähe von Halberstadt abgeschossen, **(88)** der Pilot Oberleutnant Dieterle vom JG 300 hatte jedoch Glück im Unglück und konnte sich retten.

Am 27. November 1944 war erneut ein verlustreicher Luftkampftag für die deutsche Luftwaffe in der Halberstädter Region. Es wurden sieben Jagdflugzeuge abgeschossen und alle Piloten kamen ums Leben:

(89) Uffz. Helmut Becker im Raum Halberstadt;

(90) Gefreiter Erwin Seelow bei Benzingerode;

(91) Gefreiter Hachmann bei Blankenburg, er erlag jedoch erst am 24.3.1945 seinen schweren Verletzungen.

(92) Feldwebel Hanauer an der Heidbergwarte bei Quedlinburg;

(93) Obergefreiter Max Bartsch zwischen Gröningen und Dalldorf;

(94) Uffz. Hinning bei Blankenburg;

(95) Oberfähnrich Herbert Schneider bei Ermsleben.

Auch die Amerikaner kamen nicht ohne Verluste davon:

(96) Eine P-38 Lightning stürzte zwischen Hordorf und Krottorf ab, der Pilot kam wahrscheinlich in Gefangenschaft. **(96a)** Bei Derenburg wurde eine P-51 Mustang abgeschossen. Der Pilot konnte sich retten, wurde dann jedoch von Otto Dannhauer krankenhausreif geschlagen, wofür dieser im April 1945 von den Amerikanern erschossen wurde.

(97) Unklar sind die Absturzdaten für eine deutsche Me 109 am Stellwerk Krottorf im Kriegsjahr 1944. **(98)** Gleiches gilt in jenem Jahr ebenfalls für eine Me 109, die im

Dreieck Goldbach/Eisenbahn/Wegeleben abgestürzt war, wobei sich der Pilot angeblich mit dem Fallschirm retten konnte.

Abschließend zum Kriegsjahr 1944 sollen hier nochmals die alliierten Bombenangriffe auf Oschersleben und Halberstadt zusammengefasst werden.

Oschersleben: 11. Januar, 22. Februar, 11. April, 12. Aril, 30. Mai, 29. Juni.

Halberstadt: 11. Januar, 22. Februar, 12. April, 30. Mai, 16. August.

Als das Kriegsjahr 1945 anbrach – es sollte das letzte sein – waren die deutschen Städte und großen Industriebetriebe, sowie die meisten Verkehrsanlagen, schon schwer beschädigt oder zum Teil vollkommen zerstört. Die Menschen waren kriegsmüde, aber die NS-Propaganda vom Endsieg lief weiterhin auf vollen Touren und die alliierten Bombenangriffe gingen ohne Unterlass weiter.

(99) Am 16. Januar 1945 soll ein britischer Lancester-Bomber 300 m nördlich von Hordorf niedergegangen sein, nur ein Besatzungsmitglied soll überlebt haben, die anderen kamen beim Absturz ums Leben.

In der Folge nahmen die Verluste der Alliierten stark ab. Die deutsche Flugabwehr verlor zunehmend an Schlagkraft, je länger der Krieg dauerte. Es fehlte an allem: an Treibstoff, an Munition, an Technik und an Personal. Dementsprechend ist es nicht verwunderlich, dass vorrangig deutsche Flugzeuge abstürzten und deren Besatzungen ihr Leben einbüßten.

Das zerstörte Halberstadt, Foto: Archiv Werner Hartmann, Halberstadt

(100) Am 22.Januar 1945 stürzte bei Langenstein eine Fw 190 ab, Uffz. Alois Lechner starb dabei den Fliegertod.

(101) Am 28.Februar landete eine Focke-Wulf Fw 58 Weihe durch feindlichen Beschuss schwerbeschädigt bei Schwanebeck not. Das Flugzeug kam von Westpreußen und hatte zwei Soldaten, drei Frauen und zwei Kinder an Bord. Frau Erika Gruner, geb. Westphal, musste dabei ihr Leben lassen.

(102) In einer Fw 190 fand am 2. März Uffz. Günther Schulz von der 5 Staffel des JG 30 bei Schlanstedt den Tod.

(103) Viel Glück hatte der Pilot einer Me 109 am 21. März, als seine Maschine auf den Krottorfer Wiesen notlanden musste; er blieb unverletzt.

(104) Zehn Tage später, am 31. März, stürzte südlich von Emersleben eine Me 109 ab, wobei Uffz. Herbert Helms den Fliegertod fand.

(110) Bei dem Überführungsflug eines Beuteflugzeuges vom Typ B-24 am 5. April von Hildesheim nach Fürstenfeldbruck musste der Pilot bei Quedlinburg eine Notlandung vornehmen, wobei die Maschine schwer beschädigt wurde; die Besatzung blieb aber anscheinend unverletzt.

(109) An seinen erlittenen Verletzungen starb jedoch Hauptmann Herbert Nölter von der 2. Staffel des JG 301 am 10. oder 11. April, als sein Jagdbomber Focke-Wulf Ta 152 bei Halberstadt abstürzte. Die Fw 152 war das schnellste Jagdflugzeug des Krieges, es kam aber nur noch in kleinen Stückzahlen an die Front und konnte daher keinen nennenswerten Einfluss mehr auf das Kriegsgeschehen nehmen.

(105) Am 19. April ging bei Börnecke eine Me 109 unsanft zu Boden, was Oberfeldwebel Karl Dreißiger vom JG 302 nicht überlebte. **(107)** Auch Uffz. Gerhard Lippmann von der 2.Staffel des JG 1 überlebte diesen Tag nicht, seine Fw 190 zerschellte bei Blankenburg auf dem Boden. **(106)** Am selben Tag hatte Uffz. Joscht von der 6.Staffel des JG 1 mehr Glück. Seine Fw 190 legte im Raum Halberstadt zwar eine Bruchlandung hin, der Pilot blieb jedoch unverletzt.

(108) Ebenso im April – der Tag ist nicht überliefert – stürzte nahe der Gaststätte Waldfrieden bei Blankenburg eine Me 110 ab. Der Zerstörer riss alle drei Besatzungsmitglieder mit in den Tod.

Natürlich kamen die Alliierten in den letzten Kriegswochen im Planquadrat JC nicht ganz ungeschoren davon: **(111)** Am 7. April wurde eine P-47 Thunderbolt von der Flak getroffen und ging am Wegelebener Weg bei Harsleben nieder, der Pilot konnte sich jedoch retten. **(112)** Am gleichen Tag stürzte eine Mustang P-51 an der Limbachbrücke bei Schwanebeck ab. Der Pilot konnte sich zwar retten, da er aber zuvor die Straße Krottorf-Nienhagen beschossen hatte, wurde er, nachdem er gefangen genommen worden war, von einem gewissen Klietz verprügelt. Klietz wurde am 11. April von Polen verraten und am 12. April in einer Kiesgrube bei Schwanebeck von amerikanischen Soldaten erschossen.

Einen Tag später, am 8. April 1945, zerstörten alliierte Bomber 82 Prozent der Innenstadt von Halberstadt während eines Angriffs im Rahmen der britischen *Area Bombing Directive*. Bei diesem Flächenbombardement mit fast 600

Tonnen Spreng- und Brandbomben kamen 2.400 Menschen ums Leben.

Unter der Code-Nr. 4822 war die 1. Air Division der 8. US-Luftwaffe gegen 6.15 Uhr von verschiedenen Basen in Mittelengland gestartet. Insgesamt waren 339 B-17 Bomber, die von 239 Mustang Langstreckenjägern begleitet wurden, mit dem Ziel Mitteldeutschland gestartet. Etwa 215 der B-17 Bomber griffen gegen 11.30 Uhr die Altstadt von Halberstadt an, nachdem um 11.10 Uhr Luftalarm ausgelöst worden war. Aus etwa 6.700 Meter Höhe wurden 504 Tonnen Sprengbomben und 50 Tonnen Brandbomben in mehreren Angriffswellen abgeworfen. Auch die in Richtung Spiegelsberge flüchtenden Halberstädter wurden bombardiert und von den Bordwaffen der Begleitjäger beschossen. Die amerikanische Luftflotte landete gegen 15 Uhr wieder unbeschadet auf ihren Stützpunkten in Mittelengland, denn sowohl eine deutsche Flugabwehr wie auch Jagdbomber gab es nicht mehr.

In dieser Abhandlung wurde von einigen Hinrichtungen deutscher Zivilisten berichtet. Alle hatten sich an abgestürzten und gefangenen alliierten Soldaten vergriffen. Grundsätzlich ist zu sagen, dass körperliche Angriffe auf Kriegsgefangene ein Verbrechen waren. Jedoch ist eine Hinrichtung für eine „Körperverletzung" von keinem Gesetz legitimiert – es war also Mord. Die Sitten waren am Ende dieses Krieges verroht, es galt nur noch das Gesetz des Stärkeren und das auf beiden Seiten.

Die Kriegssituation 1945 war klar und unabänderlich, das Deutsche Reich und seine Kriegspartner hatten den Krieg verloren. Die Frage war nur noch, wann die endgültige Kapitulation erfolgte. Die alliierten Bombenangriffe auf zivile Einrichtungen entsprachen somit keinesfalls geltendem Völkerrecht. Besonders bemerkenswert ist in diesem Zusammenhang, dass auf der Konferenz von Jalta vom 4. bis zum 11. Februar 1945 die „Drei Großen" (USA, GB, Sowjetunion), das Deutsche Reich faktisch schon aufgeteilt hatten. Danach flogen die westalliierten Bomberverbände schwerpunktmäßig Angriffe gegen Städte in Mitteldeutschland sowie im Osten Deutschlands – wohl wissend, dass diese Gebiete nach Kriegsende sowjetische Besatzungszone sein würden.

Abschließend soll noch ein Fazit des Luftkrieges im Planquadrat JC gezogen werden:

Die Deutsche Luftwaffe hatte folgende Verluste zu verzeichnen:

- Me 109, 27 Flugzeuge mit zusammen 15 getöteten Piloten
- Fw 190, 25 Flugzeuge mit zusammen 17 getöteten Piloten
- Me 110, 3 Flugzeuge mit zusammen 7 Besatzungsmitgliedern
- He 111, 2 Flugzeuge mit zusammen 10 Besatzungsmitgliedern sowie Zivilisten
- Fw 58, ein Flugzeug mit zwei Besatzungsmitgliedern sowie Zivilisten
- TA 152, ein Flugzeug mit einem Flugzeugführer
- Do 217, ein Flugzeug mit 6 Besatzungsmitgliedern

Zusammen gingen 60 deutsche Flugzeuge verloren und 46 tote Soldaten waren zu beklagen.

Verluste der amerikanischen Luftflotte:

- B-17 und B-24; 42 Flugzeuge mit mindestens 210 getöteten Besatzungsmitgliedern
- P-51; sieben Flugzeuge mit sechs toten Besatzungsmitgliedern
- P-47; zwei Flugzeuge mit 2 Toten
- P-38; zwei Flugzeuge, ein Toter
- P-51 Mustang; 1 Flugzeug mit einem Toten

Zusammen verloren die Amerikaner also mindestens 53 Flugzeuge im Planquadrat und hatten mindestens 220 tote Soldaten zu beklagen.

Rauchwolke über der Absturzstelle Bahnhof Spiegelsberge am 11.1.1944, im Vordergrund die Harzbrauerei, Foto: Armbrecht

Die Briten flogen im Planquadrat JC nur sporadische Einsätze. Daher gingen ihnen nur drei Lancester-Flugzeuge verloren, die Anzahl der Toten ist nicht überliefert.

Die Anzahl der Soldaten-Opfer insgesamt, besonders aber die auf deutscher Seite, hören sich für einen Krieg noch sehr moderat an. Daher sollen nun noch die zivilen Opfer, insbesondere die durch Bombenangriffe, genannt werden.

*Halberstadt 1945 – rechts das Rathaus, links die Kommisse,
Foto: Archiv Werner Hartmann, Halberstadt*

Halberstadt:

- Bombenangriff am 11. Januar 1944 – 1 Toter
- Bombenangriff am 12. April 1944 – 29 Tote
- am 30. Mai 1944 – 52 Tote
- am 16. August 1944 – 12 Tote
- am 14. Februar 1945 – 11 Tote
- am 22. Februar 1945 – 155 Tote sowie 17 tote Kriegsgefangene

- am 7. April 1945 – ca. 200 Tote
- am 8. April 1945 – ca. 2.500 Tote

Somit verlor Halberstadt durch Bombenangriffe im 2. Weltkrieg mindestens 2.977 Einwohner.

Am 22. Februar 1944 mussten bei einem Bombenangriff auf Wernigerode 192 Einwohner ihr Leben lassen.

Oschersleben wurde insgesamt vier Mal angegriffen: am 28.Juli 1943 – 46 Tote; am 11. Januar 1944 – 59 Tote; am 20. Februar 1944 – 37 Tote und am 11. April 1944 – 6 Tote. Oschersleben verlor also insgesamt 148 Einwohner durch Bombenangriffe.

Außerdem waren noch in folgenden Orten des Planquadrates JC Opfer zu beklagen: In Dalldorf bei einem Angriff am 28. Juli 1943 1 Toter und in Minsleben starben bei einem Tieffliegerangriff über ein Dutzend Fremdarbeiter am Bahnhof.

In Blankenburg waren bei dem Angriff am 20. April 1945 ca. 75 Tote zu beklagen.

Hinzu kommen noch ca. 10 Opfer durch Tieffliegerangriffe im Jahr 1945.

Insgesamt verloren im Planquadrat durch Luftangriffe der Alliierten etwa 3.415 Menschen ihr Leben.

Einem feindlichen Terrorangriff fielen zum Opfer!

Veronika Jambo 12.1.1942	Renate Bock 1.3.1943	Maria Classen 12.1.1894	Otto Handtke 14.10.1875	Margarete Mücher 21.4.1923	Brigitte Pontzsch 5.6.1943	Anna Strauch 25.1.1896
Anne Bauer 23.7.1867	Elise Hellmann 29.4.1876	Käte Damhäuser 24.1.1927	Luise Kallmann 29.4.1864	Erich Ohm 11.6.1888	Minna Reichert 28.7.1907	Paul Waldeyer 10.5.1905
Ida Baum 4.1.1864	Hans Herrmann 9.2.1928	Ernst Graß 28.3.1906	Gerda Maier 1.11.1921	Charlotte Pomlik 25.7.1916	Charlotte Schröder 14.3.1889	Christine Uhrmann 22.1.1887
Elisabeth Beck 21.12.1937	Luise Brüggemann 21.4.1900		Rosa Günther 21.7.1886	Hans Meyer 5.9.1921	Hildegard Pomlik 30.10.1918	Rudolf Schimmel 7.1.1929	Gerda Voigt 30.4.1927

Sie fielen für Großdeutschland und bleiben uns unvergessen!

Für die Nationalsozialistische Deutsche Arbeiterpartei und für die Volksgemeinschaft des Gaues Magdeburg-Anhalt

Rudolf Jordan, Gauleiter

Einem feindlichen Terrorangriff fielen zum Opfer!

Gerda Bernhardt 23.5.1934	Hans Bernhardt 20.10.1934	Ursula Brüggemann 9.5.1938	Auguste Haun 1.7.1875	Klaus Kensche 26.3.1939	Lina Meyer 10.8.1886	Johanne Schäfer 24.1.1889
Gerd Berner 16.5.1934	Maria Bernickoll 7.11.1905	Bernd-Wilh. Brunsig 1.9.1942	Fritz Heidenberger 15.4.1921	Bertha Krüger 4.1.1867	Gerhard Müller 12.8.1935	Erika Springer 7.2.1916
Willi Billmann 23.2.1899	Werner Bernickoll 15.4.1940	Maria Götze 31.5.1864	Irmgard Heller 19.1.1902	Doris Lemke 14.2.1941	Alma Rammer 2.12.1872	Friederike Tiege 9.9.1877
Gertrud Beck 3.5.1912	Johanne Braun 21.10.1867	Rosemarie Günther 10.12.1920	Renate Heller 28.5.1934	Elisabeth Meyer 11.5.1921	Annelise Renschel 19.9.1925	Frieda Weiler 26.6.1888
Frieda Bodemann 9.6.1879	Hellmut Brüggemann 8.9.1936	Paul Haas 21.4.1876		Minna Hoiopp 14.3.1881	Heinrich Meyer 9.9.1874	Johanne Schäfer 21.12.1863	Friedrich Wencke 2.3.1862

Sie fielen für Großdeutschland und bleiben uns unvergessen!

Für die Nationalsozialistische Deutsche Arbeiterpartei und für die Volksgemeinschaft des Gaues Magdeburg-Anhalt

Rudolf Jordan, Gauleiter

Trauer-Anzeigen des Gauleiters Rudolf Jordan zu Opfern von Fliegerangriffen, Abbildung Sammlung Werner Hartmann, Halberstadt

*Das meistgeflogene deutsche Jagdflugzeug - eine Messerschmitt BF 109
Abbildung aus der Sammlung Werner Hartmann, Halberstadt*

Anhang: Flugzeuge, die zum Einsatz kamen.

Deutsche Flugzeuge:

Messerschmitt Bf 109

Typ: Jagdflugzeug, Produktionszeit 1936 - 1945 – 33.300 Stück; Spannweite 9,91 m, Länge 8,95 m, Höchstgeschwindigkeit 610 km/h; Bewaffnung: zwei 7,92-mm-MG 17 (je 500 Schuss) über dem Motor, synchronisiert durch den Propellerkreis feuernd. Anfangs ein MG 17 hinter dem Motorblock (unsynchronisiert, Lauf in der hohlen Propellerwelle); Antrieb Bf 109 B-1: ein 12-Zylinder-V-Motor Junkers Jumo 210D mit maximal 680 PS Startleistung.

Jagdflugzeug Messerschmitt Bf 109 E-3 (Me 109) der Schweizer Luftwaffe, im Dienst 1939-1948
Eine Fotografie eines Ausstellungsstückes im Flieger Flab Museum in Dübendorf, Switzerland, Urheber: Sandstein 2008

Focke Wulf Fw 190

Typ: Jagdflugzeug, Jagdbomber; Produktionszeit 1941 - 1945 – 19.500 Stück; Spannweite 10 m, Länge 8,97 m; Höchstgeschwindigkeit bis 665 km/h; Bewaffnung: zwei 7,92-mm-MG 17 (je 900 Schuss) über dem Motor, zwei 20-mm-MG 151/20E (je 250 Schuss) gesteuert durch den Propellerkreis schießend in den Flügelwurzeln, zwei 20-mm-MG FF/M (je 90 Schuss) ungesteuert am Propellerkreis vorbeischießend in den äußeren Flügeln; Antrieb Fw 190 A-3: BMW 801 D-2 mit 1.700 PS Startleistung.

Fotografie einer Focke-Wulf Fw 190D-9 auf dem Gelände des National Museum of the United States Air Force in DAYTON, Ohio, Urheber unbekannt

Heinkel He 111

Typ: Bomber; Produktionszeit 1936 - 1944 (als Casa bis 1956) – 7.603 Stück; Spannweite 22,50 m, Länge 16,40 m; Höchstgeschwindigkeit 390 km/h; Besatzung 5 Mann; Bewaffnung: fünf bewegliche 7,92-mm-MG-15, optional zusätzlich zwei 13-mm-MG-131. Antrieb He 111 P-4: zwei Daimler-Benz DB 601 A-1 mit je 1.100 PS.

Bomber Heinkel He 111 im Flug; Eins.Kp. Lw zbV
Bundesarchiv Bild 101I-647-5211-33, Fotograf: Wilzek

Dornier Do 217

Typ: Bomber, Aufklärer; Produktionszeit 1940 - 1943 – 1.925 Stück; Spannweite 19 m, Länge 18,10 m; Höchstgeschwindigkeit 515 km/h; Besatzung 4 Mann; Bewaffnung: vier 20-mm-Kanonen MG FF/M und vier 7,92-mm-Maschinen-gewehre MG 17, 4 t Bombenlast (Hs-293-Gleitbombe oder *Fritz-X*-Gleitbomben); Antrieb Do 217 E-2: zwei 14-Zylinder-Doppelsternmotoren BMW 801L mit je 1.560 PS Startleistung.

Fotografie eines deutschen Dornier Do 217E-2 Bombers um 1942
Quelle: U.S. Navy Naval Aviation News 15 July 1943

Messerschmitt Me Bf 110

Typ: Zerstörer; Produktionszeit 1939 - 1945 – 5.760 Stück; Spannweite 16,29 m, Länge 12,11 m; Höchstgeschwindigkeit 560 km/h; Besatzung 2 Mann; Bewaffnung: vier 7,92-mm-MG 17 und zwei 20-mm-Maschinen-Kanonen FF/M in der Nase, ein bewegliches 7,92-mm-MG 15 im Kanzelheck; Antrieb Bf 110 C-4: zwei Daimler-Benz DB 601 B-1 [1] mit je 1.020 PS in 4.500 m Höhe, Startleistung 990 PS.

Eine deutsche Messerschmitt Bf 110C (Code 2 J + AR) der Zerstörer 1 (ZG 1) (1 Destroyer Flügel) im Flug um 1941.
Quelle: Alte Postkarte, Urheber unbekannt

Focke Wulf Fw 58 „Weihe"

Typ: Schulflugzeug; Produktionszeit bis 1942 – 1.670 Stück; Spannweite 21 m, Länge 14 m, Höchstgeschwindigkeit 256 km/h; Besatzung max. 6 Personen; Bewaffnung: 2 × MG 15 (7,92 mm); Antrieb Fw 58 B-1: 2 × 8-Zylinder-V-Motor Argus As 10C, luftgekühlt, hängend, je 240 PS.

Flugzeug Focke-Wulf Fw 58 „Weihe" KBK Lw 4
Rußland, Bereich HG Nord. im Januar 1942,
Bundesarchivbild, Bild 101I-396-1623-23A Urheber: Brase

Focke Wulf Ta 152

Typ: Jagdflugzeug, Jagdbomber; Produktionszeit 1944 - 1945 – ca.150 Stück; Spannweite 11 m, Länge 10,80 m, Höchstgeschwindigkeit 736 km/h; Besatzung 1 Mann; Bewaffnung: eine 30-mm-Maschinenkanone MK 108 mit 90 Schuss; vier 20-mm-Maschinenkanonen MG 151/20 mit 2 × 150 und 2 × 175 Schuss; 500-kg-Bombe als Außenlast oder 300-l-Zusatztank. Antrieb: hängender 12-Zylinder-V-Motor Daimler-Benz DB 603L/LA mit 2.000 PS mit zweistufigem Höhenlader.

Focke-Wulf Ta 152H nach dem Krieg (um 1946)
Flugzeug wurde von der Britischen Armee erbeutet
Urheber unbekannt

Amerikanische/britische Flugzeuge:

Boeing B-17

Typ: schwerer Bomber, Produktionszeit 1936 - 1945 – 12.731 Stück; Spannweite 32 m, Länge 23 m, Höchstgeschwindigkeit 462 km/h; Besatzung 10 Mann (4 MG-Schützen); Bewaffnung: 13 Browning-MGs des Kalibers 50 BMG, max. 5,8 t Bomben; Antrieb B-17 G: vier Neunzylinder-Sternmotoren Curtiss-Wright R-1820-97 *Cyclone* mit je 1.215 PS (895 kW) bei 2.300/min.

Restaurierte Boeing B-17G -VE „Aluminum Overcast", Seriennummer 44-85740, auf dem EAA AirVenture Oshkosh 2006, Wisconsin
Urheber: Bzuk

Consolidated B-24

Typ: strategischer Bomber, Produktionszeit 1940 - 1945 – 18.482 Stück; Spannweite 33,55 m, Länge 21,16 m, Höchstgeschwindigkeit 480 km/h; Besatzung 10-12 Mann; Bewaffnung: zehn Browning-M2-MGs, Kal. 50 BMG (12,7 mm) max. 3,6 t Bombenlast; Antrieb B-24 J: vier Pratt & Whitney R-1830-65-Twin Wasp-Doppelsternmotoren mit je 1.200 PS.

U.S. Army Air Force Consolidated B-24M - 20 Liberator -CO
(s/n 44 bis 42.151) im Flug
Quelle: National Museum der USAF Foto-Nr. 060601-F-1234S-029,
Urheber USAAF

Republic P-47 Thunderbolt

Typ: Jagdbomber, Produktionszeit 1942 - 1945 – 15.686 Stück; Spannweite 12,42 m, Länge 11 m; Besatzung 1 Mann; Bewaffnung: sechs oder acht MG Browning M2, Kaliber 50 BMG (12,7 mm), zwei 1.000-Pfund-(454-kg)-Bomben; bis zu 1.000 kg Bomben oder zehn Raketen; Antrieb P-47M: 18-Zylinder-Doppelsternmotor Pratt & Whitney R-2800-57, 2.058 KW.

Eine flugfähig erhaltene Republic P-47D-40-RA aus dem Tennessee Museum of Aviation
Urheber Foto: Kogo, 28. September 2007

North American P-51 Mustang

Typ: Jagdflugzeug; Produktionszeit 1942 - 1948 – 15.875 Stück; Spannweite 11,28 m, Länge 9,82 m; Besatzung 1 Mann; Bewaffnung: sechs 50-Browning MG53-2, bis zu 907 kg Bomben oder zehn 12,7-cm-Raketen; Antrieb P-51D: ein 12-Zylinder-V-Motor Packard-Merlin V-1650-7 mit 1.649 HP mit 1.671 PS.

*Ein britischer North American NA -73 Mustang Mk I (s / n AL958) in Inglewood, Kalifornien (USA) im Oktober 1942 Test – geflogen. Diese Maschine war eine der ersten von 300 Flugzeugen der Royal Air Force, die im Dezember 1940 bestellt wurden. Der Flieger trägt die bis zum April 1942 verwendeten US Nationale Insignien.
Quelle: US-amerikanische Library of Congress,
Urheber: Mark Sherwood. U.S. Office of War Information, 1944*

Lockheed P-38 Lightning

Typ: Abfangjäger, Jagdbomber; Produktionszeit 1941 - 1945 – 10.037 Stück; Spannweite 15,85 m, Länge 11,53 m, Besatzung 1 Mann; Bewaffnung: vier 12,7-mm-MGs, eine 20-mm-Kanone, bis zu 1.820 kg Bomben oder 12,7-cm-Raketen; Antrieb P-38L: zwei V-12-Triebwerke Allison V-1710-111 mit Turbolader und je 1.622 PS.

P-38 Lightning im Flug
Urheber: Mitarbeiter der US-amerikanischen Bundesregierung, 2007
Quelle: http://www.srh.noaa.gov/key/HTML/Aviation/Images/P-38-1.jpg

Literaturverzeichnis

Abschussliste Luftgau-Kdo XI

Autor anonym, Die großen Luftschlachten des Zweiten Weltkriegs, Neuer Kaiser Verlag, Klagenfurt, 1993

Balss, Michael, Deutsche Nachtjagd. Materialverluste in Ausbildung und Einsatz Ergänzungen zu Personalverlusten in Ausbildung und Einsatz, VDM Heinz Nickel, 1999

Brütting, Georg, Das waren die deutschen Kampfflieger-Asse 1939-1945, Motorbuch Verlag, 1986

Dahl, Walther, Rammjäger: Das letzte Aufgebot, Pour le Mérite, 2000

De Saversky, Alexander P., Entscheidung durch Luftmacht, Union Deutsche Verlagsgesellschaft, Stuttgart, 1951

Friedhofsakten Halberstadt

Giesecke, D., Gramsch, H. Geschichte des zivilen Flughafens Goslar und des Fliegerhorstes Goslar von 1927 - 92, Goslar 1993

Girbig, Werner, Kurs auf Leuna, Motorbuch Verlag, 1995

Girbig, Werner, Start im Morgengrauen, Motorbuch Verlag, 1997

Girbig, Werner, Vermißt, Motorbuch Verlag, 1994

Hartmann, Werner, Halberstadt brennt, Druckerei W. Koch, Halberstadt, 1990

Held, Werner, Reichsverteidigung. Die deutsche Tagjagd 1943 - 1945, Podzun-Pallas-Verlag GmbH, 1994

Hey, B-17-Story, 1995

Horn, G. Erbsen mit Klump,

Jägerblatt, Organ der Gemeinschaft der Jagdflieger, diverse Nummern

Kuhne, Hans, Uhlenklippenspiegel, Nr. 33/95

Meyer-Hartmann, Hermann, Geheime Kommandosache. Die Geschichte des Hildesheimer Fliegerhorstes, Gerstenberg Gebrueder Verlag, 1996

Prien, Jochen, Rodeike, Peter, Jagdgeschwader 1 + 11, Rogge GmbH Verlag, 1993

Reschke, Willi, JG 301/302, Jagdgeschwader 301/302 'Wilde Sau', Motorbuch Verlag, 1999

Saft, Ulrich, Krieg in der Heimat. Das bittere Ende zwischen Weser und Elbe, Walsrode, Selbstverlag, 1992

Schmidt, Uwe, AGO-Flugzeugwerke Oschersleben, Schriftenreihe des Bördemuseums Ummendorf, 2002

Seversky, Alexander P. de, Entscheidung durch Luftmacht, Union deutsche Verlagsgesellschaft Stuttgart, 1951

110 Jahre Feuerwehr Heudeber

Einzelquellen

Armbrecht, Birnbaum, Bothe, Berenroth, Brunne, Czanny, Dietrich, Ehlers, Flachs, Fröhlich, Hagen, Hartmann, Heinemann, Hildebrand, Kruse, Kuczyk, Loop, Lüders, Merseburger, Mühlberg, Nurkowsky, Schmidt, Schütze, Schwarz, Träger, Wagner,

Weitere Bücher aus dem Verlag Sternal Media

Halberstadt – Fliegerstadt bis 1918
mit einem Abriss der Luftfahrtgeschichte
Autor: Bernd Sternal

Der Autor hat sich einem regionalen Kapitel der Industrie- und Technik-Geschichte zugewandt, das weitgehend in Vergessenheit geraten ist: Halberstadt als einer der innovativsten und erfolgreichsten Flugzeugproduktionsstandorte des Ersten Weltkrieges sowie als renommierter Standort zur Pilotenausbildung. Um die technischen, wirtschaftlichen und politischen Zusammenhänge, wie Halberstadt zur Fliegerstadt wurde, besser zu veranschaulichen, hat der Autor dem Regionalteil einen kurzen Abriss der Luftfahrtgeschichte vorangestellt. Das Buch ist zudem mit ca. 100 seltenen Zeitdokumenten in Form von Fotos, Grafiken und Zei96chnungen ausgestattet, die einen Eindruck von einer Zeit vermitteln, die erst 100 Jahre zurückliegt, uns jedoch vom Stand der Technik her wie eine kleine Ewigkeit vorkommt.

Taschenbuch: ISBN: 978-3-7386-5979-5

Der verschenkte Himmel
Ein Abriss der Raketenentwicklung bis 1945
– der Harz als eine Keimzelle
Autor: Bernd Sternal

Die ersten Ideen und Visionen zu künstlichen, fliegenden Objekten stammen bereits aus der Antike. Schon das Alte Testament und seine Vorgängerschriften geben uns konkrete Hinweise auf derartige Flugkörper, die wir heute als Raketen bezeichnen. Zu allen Zeiten haben sich „Techniker" mit diesem Traum vom Fliegen beschäftigt – sie wollten in den Himmel vordringen. Doch über die Jahrhunderte hinweg blieb es ein Traum, von einigen wenigen Versuchen abgesehen. Es fehlten den Menschen einfach die technischen und naturwissenschaftlichen Voraussetzungen, um die Ideen in der Praxis umsetzen zu können. Erst im 20. Jahrhundert konnte begonnen werden, neben der Theorie sich diesem Menschheitstraum auch in der Praxis zu zuwenden. Allen voran waren es deutsche Wissenschaftler, die bis 1945 den „Raketentraum" vorantrieben. Leider wurden das technische Potential und der Erfindungsreichtum von den Nationalsozialisten in die falschen Bahnen gelenkt und zur Kriegsführung eingesetzt. Von allen den Ideen, Erfindungen und Visionen, sowie von den Menschen die dahinterstanden, beginnend in der Antike bis zum Ende des Zweiten Weltkrieges, berichtet dieses Buch.

Taschenbuch: ISBN: 978-3-8482-0126-6

Im Anflug auf Planquadrat Kaufmann - Anton/Berta/Caesar
Flugzeugabstürze des 2. Weltkrieges in der Harzregion
Autor: Bernd Sternal, Werner Hartmann

Im Zeitraum der alliierten Bombenangriffe von 1941 - 1945 war das Harzgebiet nur selten Angriffsziel. Jedoch lag dieses Gebiet häufig auf der Anflugstrecke der Bombergeschwader in das mitteldeutsche Industriegebiet. Deshalb blieben Wernigerode, Halberstadt, Oschersleben und insbesondere Nordhausen nicht verschont.
Oftmals war die Harzregion zudem für die deutsche Luftwaffe Abfanggebiet für die alliierten Bomberverbände, was zu unzähligen Luftkämpfen führte.
Wie viele Flugzeuge im Harzgebiet abgestürzt sind, darüber lässt sich nur spekulieren – hier berichten wir über 244 Abstürze.
Doch es waren mit Sicherheit einige Flugzeuge mehr, wovon die meisten bis heute als verschollen gelten.

Taschenbuch: ISBN: 978-3-7412-6650-8

Im Anflug auf die Planquadrate Heinrich-Ulrich/Anton & Julius-Ulrich/Anton - Flugzeugabstürze in den Regionen um Hildesheim-Salzgitter-Einbeck-Seesen-Goslar
Autor: Bernd Sternal, Werner Hartmann

Im ersten Band dieser Reihe haben wir uns der Nordharzregion zugewandt, im zweiten Band der eigentlichen Harzregion. In diesem dritten Band möchten wir über die fliegerischen Kampfeinsätze in der Westharzregion berichten. Unser Berichtsgebiet umfasst den Raum Hildesheim – Salzgitter – Einbeck – Seesen – Goslar und die für dieses Gebiet dokumentierten Flugzeugabstürze.
Immer wenn die alliierten Bomberverbände mit ihren Begleitjägern Hannover, Braunschweig, Magdeburg, Berlin und das Mitteldeutsche Industriegebiet im Fokus ihrer Bombenabwürfe hatten, überflogen sie dieses Gebiet. Daher versuchten sowohl die deutschen Jäger, wie auch die Flak, die Bomberverbände aufzuhalten oder zumindest zu dezimieren, bevor sie ihre Zielgebiete erreichen konnten. Das traurige Ergebnis waren zahlreiche Flugzeugabstürze auf beiden Seiten, mit vielen toten Fliegern. Jedoch auch die Zivilbevölkerung hatte schwer zu leiden.
Das traurige Finale markierte der 22. März 1945. In etwa 10 Minuten war die alte Bischofsstadt Hildesheim in Schutt und Asche gelegt worden. Ein Bombenangriff ohne strategische Bedeutung – ein Kriegsverbrechen, das nur einen Zweck verfolgte: Die Demoralisierung der deutschen Bevölkerung.

ISBN: 978-3-7460-1703-7

Eroberer des Himmels – Erster Teil
Lebensbilder - Deutsche Luft- und Raumfahrtpioniere
Autor: Bernd Sternal

Wir jubeln Künstlern zu, Dichtern und Schriftstellern, mitunter auch religiösen Führern oder Politikern. Doch wer bejubelt schon Ingenieure und Erfinder. Bereits seit Beginn der Industriellen Revolution weisen Technikphilosophen auf die Bedeutung der Ingenieurskunst hin. Geändert hat sich bis heute nicht viel.

Ich habe es mir daher zur Aufgabe gemacht, mich mit dem Wirken von Luft- und Raumfahrtpionieren zu beschäftigen und Ihnen von einigen dieser Persönlichkeiten Lebensbilder zu zeichnen. In diesem Band finden Sie folgende Eroberer des Luftraumes: Friedrich Christiansen, Hellmuth Hirth, Max Valier, Willy Messerschmitt, Hans Ullrich Berkner, Claudius Dornier, Gerhard Fieseler, Rudolf Nebel.
Und wenn Ihnen meine Lebensbilder gefallen haben, dann können Sie sich bereits auf den zweiten Band freuen, der bald erscheinen wird.

Taschenbuch: 978-3-7412-6393-4

Eroberer des Himmels – Zweiter Teil
Lebensbilder - Deutsche Luft- und Raumfahrtpioniere
Autor: Bernd Sternal

In diesem Band 2, der nahtlos an Band 1 anknüpft, finden Sie folgende Eroberer des Himmels: Oswald Boelcke, Hugo Eckener, Wolf Hirth, Ernst Udet, Gottlob Espenlaub, Ernst & Hans Röver, Ernst Heinkel und Carl August von Gablenz.

Taschenbuch: 978-3-7431-8133-5

Die Harz-Geschichte
Autor: Bernd Sternal

Der Harz als nördlichstes deutsches Mittelgebirge war zu allen Zeiten eine Kulturscheide. Daraus entwickelt hat sich eine einzigartige Kulturlandschaft, eine Symbiose aus verschiedensten Landschaftsformen und Vegetationsstufen, einhergehend mit den unterschiedlichsten menschlichen Siedlungsstrukturen. Dieses Mittelgebirge, mit seinen Vorlanden, in all den Facetten seiner Entwicklung vorzustellen, ist Anliegen dieser Bücher.

Band 1: Von seiner geologischen Entstehung bis zur Zeit der Völkerwanderungen
Gebundene Ausgabe: ISBN: 978-3-8423-4263-7
Taschenbuch: ISBN: 978-3-8482-0263-8
Band 2: Das Früh- und Hochmittelalter:
Gebundene Ausgabe: ISBN: 978-3-8482-1339-9
Taschenbuch: ISBN: 978-3- 8482-0746-6
Band 3: Das Spätmittelalter:
Gebundene Ausgabe: ISBN: 978-3-7322-6348-6;
Taschenbuch: ISBN: 978-3-7322-6215-1
Band 4: Reformation, Bauernkrieg und Schmalkaldischer Krieg:
Gebundene Ausgabe: ISBN: 978-3-7357-5965-8
Taschenbuch: ISBN: 978-3-7357-5968-9
Band 5: Die Zeit des Dreißigjährigen Krieges:
Gebundene Ausgabe: ISBN: 978-3-7386-4027-4
Taschenbuch: ISBN: 978-3- 7386-3989-6
Band 6: Vom Westfälischen Frieden 1648 bis zum Ende der Napoleonischen Kriege 1815
Gebundene Ausgabe: ISBN: 978-3-7448-7017-7
Taschenbuch: ISBN: 978-3-7448-9724-2